EU 경찰법

Dieter Kugelmann 저

서정범 · 박병욱 역

세창출판사

_이 도서의 국립중앙도서관 출판예정도서목록(CIP)은 서지정보유통지원시스템 홈페이지(http://seoji.nl.go.kr)와 국가자료공동목록시스템(http://www.nl.go.kr/kolisnet)에서 이용하실 수 있습니다.(CIP제어번호: CIP2017010445)

Polizeitätigkeit und Polizeirecht werden immer internationaler. Die Bedrohungen für die öffentliche Sicherheit sind in Zeiten der organisierten Kriminalität und des Terrorismus verstärkt auch international zu bekämpfen. Ein Beispiel für eine insoweit bestehende Integration ist die Europäische Union. Hier gibt es unterschiedliche rechtliche Grundlagen und unterschiedliche Formen der Zusammenarbeit.

Die vorliegende Darstellung bietet einen Überblick über das europäische und internationale Polizei- und Sicherheitsrecht in seinen menschenrechtlichen Grundzügen und seinen besonderen Ausprägungen. Die Europäische Union ist ein Beispiel besonders enger Zusammenarbeit der Staaten auf einem Gebiet, das traditionell in die Zuständigkeit staatlicher Organe fällt: der Gewährleistung von Sicherheit.

Die Zusammenarbeit erfolgt mit Institutionen, z.B. dem Europäischen Polizeiamt Europol. Sie erfolgt aber auch mit Kooperationen der innerstaatlichen Polizeibehörden. Hier entstehen und bestehen besondere Formen der Zusammenarbeit, die Anregungen geben können, wie derartige Kooperationen funktionieren können.

Auf der Ebene des Völkerrechts ist die Zusammenarbeit selbstverständlich nicht ganz so eng. Dennoch sind Ansätze zu sehen, das

Thema Sicherheit auch auf der internationalen Ebene verstärkt in Angriff zu nehmen. Die Bekämpfung des internationalen Terrorismus wirkt hier als Katalysator.

All diese Fragen sind komplex und an mancher Stelle nur mit vertieften Kenntnissen der europäischen und internationalen Zusammenhänge zu verstehen. Umso mehr danke ich meinem geschätzten Kollegen, Prof. Suh, für die Mühen der Übersetzung. Und für die große Unterstützung bei der Übersetzung danke ich Herrn Prof. Park. Ihrer Sachverstand und ihrere Kenntnisse sorgen dafür, dass die Übersetzung dieser wichtigen Fragen zu einem Gewinn für die koreanischen Leserinnen und Leser führen wird. Mit diesem Werk wird der Austausch zwischen der koreanischen und der deutschen Rechtsordnung weiter vertieft. Ich freue mich auf die Fortsetzung dieses freundschaftlichen Austausches.

Prof. Dr. Dieter Kugelmann
Deutsche Hochschule der Polizei, Münster

한국어판 서문

경찰활동과 경찰법은 점점 국제화되어 가고 있다. 조직범죄와 테러리즘이 성행하는 시대에 있어 공공의 안녕에 대한 위협의 문제에 대해서도 국제적으로 대처해야 할 필요성이 강조되고 있다. 이러한 통합에 대한 실증적 사례가 바로 유럽연합이다. 유럽연합 내에는 다양한 법적인 근거와 다양한 형태의 협업이 존재한다.

앞에서 설명한 사안들을 통하여 우리는 유럽 내지 국제 경찰법 및 안전법에 대한 인권법적인 측면, 특별한 구현방법 측면을 개관해 볼 수 있다. 유럽연합은 전통적으로 국가의 관할에 속해 있던 영역, 즉 안전보장의 영역에서 국가상호 간의 밀접한 협력의 대표적 예이다.

그러한 협력은 예를 들어 유럽경찰기구(유로폴)와 같은 기구를 통해 행해진다. 또한 역내국가의 경찰기관 간의 협력을 통하여 행해지기도 한다. 여기서 특별한 형태의 협력이 생겨나고 존재하는바, 이러한 것들은 어떻게 이와 같은 협력이 행해질 수 있는지에 대해 자극을 줄 수 있다.

국제법적 차원에서의 협력이 그다지 긴밀하지 못한 것은 너무도 당연한 것이다. 그럼에도 불구하고 국제적 차원에서의 안전이라는 테마를 다루고자 하는 시도를 찾아볼 수 있다. 이 경우 국제 테러리즘에의 대처가 촉매제로서 기능을 한다.

이러한 모든 문제들은 매우 복잡하며, 많은 경우에 유럽적 그리고 국제적 맥락에 대한 깊은 지식이 전제되어야만 이해될 수 있다. 나의 소중한 학문적 동료 서정범 교수의 번역을 위한 노력에 감사하며, 함께 번역을 해 준 공역자 박병욱 교수에게도 진심으로 감사의 말을 전한다. 이러한 중요한 문제에 대한 번역을 통하여 한국의 독자들에게 도움이 될 수 있도록 하는 데 이들 두 교수의 전문성과 지식이 큰 도움이 되었음은 물론이다. 이와 같은 번역작업을 통해 대한민국과 독일의 법질서 간의 상호교류가 더욱 깊어지게 될 것이다. 우리의 우정 어린 학문적 교류가 계속되기를 바란다.

디터 쿠겔만 교수
뮌스터, 독일연방경찰대학원

역자 서문

　전통적으로 행정법은 《행정에 관한 "국내"공법》으로 정의되어 왔다. 그러나 인터넷 등을 활용한 각종의 통신수단 및 교통운송수단의 발전으로 시공을 초월한 글로벌 사회에 살고 있는 오늘날에는 이러한 전통적인 행정법의 정의는 일정한 한계를 가질 수 밖에 없는바, 행정법의 대표적인 한 분야인 경찰행정법의 경우에도 이러한 사정은 마찬가지이다.

　물론 법체계는 본질적으로 한 국가의 주권이 미치는 국내법에 한정되어 왔던 것이 사실이다. 그러나 UNpol, Interpol, 유로폴(Europol) 등의 국제경찰기구의 작동방식은 더 이상 이러한 한계 속에서는 규정될 수 없는 상황을 조성하고 있다. 대규모 테러, 국경을 초월한 사이버범죄, 국제범죄 등의 현상과 인터폴수배, 국가 간 범죄인 인도협정 등은 오늘날의 경찰행정(작용)이 이미 국제적, 초국가적 범위로 확장된 단계에 와 있다는 것을 웅변으로 보여 주고 있다. 또한 앞서 언급한 ─행정기구적 성격을 지닌─ 국제경찰기구 이외의 다른 국제기구들의 활동 역시 경찰의 활동에 커다란 영향력을 행사하고 있다. 즉, 국제형사재판소나 유럽인권재판소 등의 사법기구는 경찰활동과 관련된 많은 판결을 쏟아 내고 있으며, UN 또한 국제평화유지활동을 하거나 국내경찰활동의 기준이 되는 경찰업무지침을 제시해 주고 있다.

　한편 유럽 내에서 국제적 경찰활동이 비약적으로 발전하게 된 것은 유로폴의 설립과 밀접한 관련이 있는바, 유로폴은 「국가간 강한 연대(Staatsverbund)」를 넘어 사실상 「연방국가(Bundesstaat)」를 꿈꾸는 유럽연합의 출범이 있은 후 몇 년 지나지 않아 창설되었다. 오늘날 유럽에서의 경찰활동은 국내에 한정된 활동의 범주를 뛰어넘어 유로폴을 통한 역내국가 간의 강력한 협력에 기초하여 행해지고 있는바, 그 대표적 예로는 Europol 가입국가 상호 간의 정보교환, 국경지역에서의 공동검문검색 및 순찰이나 유럽체포영장 등을 들 수 있다. 이러한 유럽에서의 국제적 경찰활동은 앞으로 우리나라가 아시아 여러 나라들과의 협력을 통하여 국제적 경찰활동을 행함에 있어 많은 참고가 될 것인바, 국내의 경우 아직까지 이런 문제에 대한 심층적 연구는 사실상 전무한 실정이라고 할 수 있다. 이런 사정하에서 공역자들은 UN이나 Europol을 통한 국제적 경찰활동을 간결하고 명확하게 설명하고 있는 쿠겔만(Kugelmann) 교수의 본서를 만나게 되었다.

쿠겔만 교수는 본서를 통하여 국제적 경찰활동에 관심을 가진 학자나 실제로 이러한 활동을 하고 있는 경찰관 등 관련 업무종사자에게 유익한 정보를 제공하고 있다. 뿐만 아니라 이 문제에 관심 있는 일반인과 학생들도 국제적 경찰활동을 잘 이해할 수 있도록 관련 법규정과 조약 등을 간결하게 풀어내고 있다. 이처럼 간명하면서도 해박한 설명이 가능한 이유는 쿠겔만 교수가 2008년 이후 7년이 넘는 오랜 기간 동안 독일 내 최고경찰교육기관인 연방경찰대학원 경찰법(공법) 교수를 역임하였을 뿐만 아니라 국제법과 정보자유법 영역에도 폭넓은 지식을 가진 국제법학자라는 점에서 찾을 수 있다. 물론 독일이 UN과 EU의 일원으로서 독자적으로 해외경찰 평화미션에 적극적으로 참여하고 있어 이 분야의 경찰활동에 관한 학문적 노력과 다양한 의미 있는 사례가 축적되어 왔다는 것도 그 이유가 될 수 있다.

이 번역서는 쿠겔만 교수의 경찰-질서법 교과서(Kugelmann, Polizei- und Ordnungsrecht, 2. Aufl., 2011) 중 경찰과 관련된 UN의 활동과— Europol을 통한— EU의 활동을 설명하고 있는 제14장과 제15장 부분만을 별도로 떼어 내어 출간한 것이다. 공역자들이 이러한 결정을 하게 된 배경은 쿠겔만 교수의 경찰-질서법 교과서가 제13장까지는 일반 경찰법이론을 설명하고 있는 것임에 반하여, 제14장과 제15장은 UN이나 Europl의 국제적 경찰활동에 초점이 맞추어져 있어 내용상 별개 차원의 것으로 양자의 분리가 가능하다는 것에 있었다. 그리고 양자를 분리하여 출간하는 것이 오늘날 국제적 경찰활동에 대한 관심을 배가하고, 그에 대한 이해를 보다 쉽게 할 수 있는 방법이라고 생각했던 것 또한 그 중요한 이유가 된다.

「쿠겔만의 독일경찰법」(세창출판사, 2015)의 출간때와 마찬가지로 본서가 이러한 형태로 출간되어 빛을 보게 된 것은 많은 분들의 도움이 있었기 때문에 가능했는데, 이곳에서 글로나마 감사의 뜻을 전하기로 하겠다. 먼저 2015년 여름부터 독일 라인란드 팔쯔주 「정보자유 및 정보보호담당관」으로서의 막중한 역할을 수행하기에도 바쁜 가운데 자신의 경찰법 교과서의 일부를 별도의 본으로 출판할 수 있도록 도움을 준 쿠겔만 교수에게 감사의 말을 전한다. 또한 국내에 국제경찰활동 영역에 종사하거나 관심을 가지는 사람이 상대적으로 많지 않아 상업성이 떨어짐에도 불구하고 공역자들과의 오랜 신뢰관계, 국내에서의 국제경찰업무발전의 필요성에 대한 공감 등에 기하여 본서의 출간을 흔쾌히 허락하여 주신 세창출판사의 이방원 사장님께도 감사의 말씀을 전한다. 끝으로 본서의 출간에는 편집과 교정을 맡아주신 세창출판사의 편집부 직원분들의 도움이 절대적이었던바, 그분들께도 감사의 말씀을 전하다.

국제법, 조약, 상호간 합의에 의한 국제적인 경찰활동의 방식을 이해하는 것은 ―그러한 활동의 법적 성격과 실질적 내용이 무엇인지에 따라― 실제로 국제적 경찰활동을 업무로 하는 경찰관에게도 쉽지 않을 수 있다. 국제경찰관련 업무에서 비교할 만한 선례가 없는 경우라면 더욱 그러할 것이다. 다시 한 번 강조하지만 본서는 관련 조약, 국제법 등에 대한 전문적인 이해를 가진 독일의 중진 교수가 일반 경찰관들도 당해 활동의 법적 성격과 실질적 내용을 쉽게 이해할 수 있도록 저술한 것으로, 본서가 그러한 난해함을 극복하는 데 많은 도움이 될 수 있으리라고 확신한다. 또한 본서에서 제시되는 여러가지 사례들은 국제경찰활동의 실체를 이해하는 데 큰 도움이 될 것이다. 모쪼록 본서가 경찰의 국제적인 활동에 대한 기본적인 이해를 증진시키는 데 조금이나마 도움이 될 것을 기대하면서 출간의 변에 대신하기로 한다.

2017년 4월

공역자

차 례

제2장 국제법의 영향과 국제법규정

제1장

유럽의 경찰–질서법

1. 유럽연합 내에서 그리고 유럽연합을 통한 안전의 보장
ㅡ 유럽의 사법정책과 내무정책

안전의 보장은 공권력을 독점하고 있는 국가의 책무로 간주되며, 따라   1
서 그것은 주권국가(主權國家, souveräner Nationalstaat)의 사무로 인정되
고 있다. 그러나 오늘날 유럽연합 역내국가(域內國家, Innerstaat)의 법질
서는 유럽화 및 세계화가 가속화되고 강화되는 과정에 있다.[1]

근래 들어 유럽의 사법(司法) 및 내무정책은 빠르게 발전하고 있다. 왜   2
냐하면 오랜 시간동안 유럽연합(EU)의 권한이 제한되어 있었던 것으
로 인하여, 유럽의 사법 및 내무정책에 관하여 중요한 의미를 갖는 입
법이 거의 행해지지 않았었기 때문이다. 그러나 2009년 12월 1일에
리스본조약(Vertrag von Lissabon)이 발효한 이후부터 유럽연합은 사법
및 내무정책의 영역에서 구속력있는 입법을 가능하게 해주는 실효성
있는 법적 구조를 보유하게 되었다[「유럽연합의 운영에 관한 조약
(Vertrag über die Arbeitsweise der Europäischen Union: AEUV)」제82조 이하
및 제87조 이하)]. 그렇지만 제한된 개별수권의 원칙(Prinzip der
begrenzten Einzelermächtigung) 때문에 유럽연합은 예전과 마찬가지로
단지 자신에게 부여된 권한의 범위 내에서만 조치를 취할 수 있다[「유
럽연합조약(Vertrag über die Europäische Union: EUV)」제5조)]. 이런 과정
에서 유럽의 사법 및 내무정책의 구조가 분명하게 드러나는데, 오늘날
유럽의 사법 및 내무정책은 독자성을 가지고 역동적으로 발전하고 있
다.[2]

---

1) *Kokott*, VVDStRL 63 (2004), 7 ff. m.w.N.
2) 전체적인 개관은 *Kugelmann*, in: ders. (Hg.), Polizei unter dem Grundgesetz,
   2010, S. 97 ff. 참조; 자세한 것은 *Schöndorf-Haubold*, Sicherheits- verwaltungs-
   recht.

|참고| 리스본조약

유럽연합(EU)의 태동을 가능케 했던 것이 리스본조약(Treaty of Lisbon/Vertag von Lissabon)인데, 동 조약에 대한 이해 없이는 유럽의 경찰법에 대한 이해가 불가능한 면이 있어 리스본조약에 대하여 간단히 소개하기로 한다.

1. 성립과정 및 의의

리스본조약은 유럽연합조약(EU-Vertrag)과 「유럽공동체의 설립을 위한 조약(Vertrag zur Gründung der Europäischen Gemeinschaft: EG-Vertrag)」을 개정한 국제조약으로, 정식명칭은 유럽연합개혁조약(Reform Treaty of European Union)이다.

동 조약(안)에 대하여는 유럽연합 27개 회원국 정상들이 2007년 10월 18일~19일에 리스본에서 열렸던 EU 정상회담에서 합의하였고, 같은 해 12월 13일에 공식적으로 서명이 이루어졌다.

2. 주요 내용

(1) 리스본조약이 2009년 12월 1일 발효함에 따라 6개월마다 유럽연합(EU) 회원국이 번갈아 맡던 순회의장국 제도가 폐지되고 상임의장인 유럽이사회 의장(Präsidenten des Europäischen Rates) 직(職)이 신설되었다.

(2) 리스본조약으로 인하여 유럽연합과 유럽공동체가 법적으로 융합되고, 형사사법(刑事司法) 영역에서의 경찰협력 및 사법적 협력을 위한 공동결정절차가 확대되었다.

(3) 유럽연합의 입법과정에 역내국가의 참여가 강화되었으며, 유럽연합의 시민에게는 청원권(Europäischen Bürgerinitiative)이 인정되게 되었다.

(4) 외무, 안전정책에 있어서 고위급 대표자의 권한이 강화되었다.

(5) 2003년 니스협약으로 마련된 「유럽연합 군병력 투입에 관한 규정」

이 리스본조약을 통해 확대되고, 이로 인해 유럽공동체(EG)가 가지던 기존의 경제동맹의 관계가 유럽연합에서는 군사동맹의 관계로 더욱 확고하게 발전하는 계기가 된다.

3. 평 가

결론적으로 리스본 조약은 실질적인 유럽연합의 세 기둥, 즉 (1) 유럽 공동 외무 및 군사정책, (2) 관세, 비자, 민법영역에서의 법적 협력, 농업, 통상, 사회, 고용, 문화, 건강, 소비자, 경제, 환경을 포함하는 유럽공동체 정책, (3) 경찰협력(유로폴) 및 형사법 영역에서의 법적 협력이 한 지붕 아래 통합되는 근거를 마련해 준 유럽연합 회원국 간의 조약이다.

유럽연합은 **자유로운 이동**(Freizügigkeit)의 보장, 특히 모든 시민들의 여행의 자유의 보장에 중점을 두고 있다. 이것은 1957년의 로마조약*이래 인정되기 시작하였으며, 1992/1993년의 유럽연합의 창설과 함께 유럽연합시민권이 도입된 이후에는 더욱더 당연한 것으로 간주되게 되었다. 따라서 안전의 보장이라는 문제는 오랫동안 역내국가의 안전 메커니즘의 붕괴에 대한 보완(책)이란 관점에서 다루어져 왔다. 또한 점차 증가하고 있는 '국제범죄'에 대하여는 국경을 초월하는 협력을 통하여 보다 잘 대처할 수 있게 되었다. 유럽연합의 권한이 확립됨으로 인하여 유럽연합의 부문별 접근이 나타나게 되었는바, 그것은 다양한 개별적 구성요소를 그 내용으로 하는 것이었다.[3]

3

---

* 역주: 로마조약(Treaty of Rome)은 유럽에서의 경제통합을 위한 준비작업의 산물로서 1957년 3월 25일에 체결된 조약을 말하는바, 이를 통하여 1958년 1월에 유럽경제공동체(EEC)가 출범하게 되었다. Rome조약의 성립과정과 그의 영향 등에 관하여 자세한 것은 송병준, 유럽연합 거버넌스 II, 높이깊이, 2016, 65쪽 이하 참조.

3) *A.v.Arnauld*, JA 2008, 327; Lindner, JuS 2005, 302; 또한 *Baldus*, Transnationales Polizeirecht, 2001, S. 47 ff.

4 1998/1999년의 암스테르담 조약*은 새로운 규율과 권한을 가져왔고, 경찰협력 및 사법(司法)협력을 (단순한 정치적, 사실적 영역이 아니라) 법적인 영역으로 확립시켰다. 오래전부터 존재해 왔던 전 세계 차원의 국제적인 경찰협력 —예컨대 인터폴— 과 더불어 유럽연합 내에서 형사소추 및 위험방지 영역에서의 협력을 위한 강력한 시도가 나타난 것이었다.4)

5 유럽의 경찰-안전법의 발전을 가져온 실질적인 원동력은 특히 국제조직범죄 및 국제테러리즘에 대한 대처이다.5) 경찰-안전법을 통하여 불안전의 원인에 대하여 광범위하고 네트워크가 잘 이루어진, 즉 효과적인 대처를 할 수 있게 되었다. 그러나 다른 한편으로는 경찰이 일방적으로 불안전의 문제가 존재한다고 판단하여 경찰작용을 행하고, 경찰작용의 목적을 설정하게 될 위험이 있다. 요컨대 유럽연합의 사법정책과 내무정책과 관련된 유럽시민의 기본권이나 권리구제의 앞으로의 발전은 유럽연합 회원국의 경찰관청에 관한 유럽의 제도 및 법적 근거의 발전과 보조를 맞추어야 한다. 이러한 발전은 사법영역에서의 지속적 발전, 예컨대 유럽연합검찰의 창설이나 유럽사법기구(Eurojust)의 확대와 같은 것을 그 내용으로 한다.

6 위험방지(Gefahrenabwehr)와 형사소추(Strafverfolgung)는 국제적 차원이나 유럽적 차원에서는 명백하게 구분되지 않는다.6) 이들 두 영역은 사

---

* 역주: 암스테르담 조약은 로마조약과 마스트리히트 조약의 내용을 수정한 수정조약이다(송병준, 앞의 책, 85쪽).

4) *Götz*, Festschrift für Rauschning, 2001, 185; *Möstl*, Garantie, S. 507 ff.; *Pitschas*, NVwZ 2002, 519.

5) *Gusy*, Goltdammer's Archiv für Strafrecht 152 (2005), 215 m.w.N.

6) 유로폴에 대해서는 또한 *Schenke*, POR, Rn. 467.

안의 목적이 특정되어 있다는 점에서 서로 관련되어 있는바, 이것이 위험방지와 형사소추의 구분을 어렵게 만든다. 한편 이러한 구분은 다른 법질서는 알지 못하는 독일식 사고의 결과물이며, 법제도가 독일의 법질서를 수용하는 경우에야 비로소 행해질 수 있다. 그러나 많은 점에서 위험방지와 형사소추의 구분은 그대로 유지되기 곤란하다는 것이 밝혀지고 있다. 즉, 독일에서조차 (독일)법이론의 발전으로 인하여 그러한 구분은 이미 더 이상 일관성 있게 유지되지 못하고 있으며,* 유럽연합이 제정한 법을 국내법으로 전환하여 적용하여야 한다는 압력에 직면하여 있다. 이와 관련된 유럽연합차원의 많은 법들은 주로 경찰-안전법이란 개념으로 통합되고 있다.

역동적으로 발전되는 법영역으로서의 **유럽형법**(Das Europäische Strafrecht)은 아직까지 완전한 형태를 갖추지는 못하고 있는데, 이러한 유럽형법은 결과적으로 여러 측면에서 유럽의 경찰-안전법과 중첩되는 양상을 보여 주고 있다.7) 유럽연합법의 제재규정뿐만 아니라 ―유럽연합법의 영향을 받고 있는― 역내국가의 실체적, 절차적 규정 또한 이러한 개념하에서 이해될 수 있다.8)   7

유럽인권협약(Europäische Menschenrechtskonvention, EMRK)과 기본권헌장에 따른 기본권적 요청 및 그러한 권리를 관철하기 위한 유럽(연합)의 제도는 형사법뿐만 아니라 경찰법과도 관련이 깊다. 독일의 법   8

---

* 역주: 독일의 경우 위험방지로 대변되는 경찰법과 형사소추로 대변되는 형사법의 일도양단식 구분만으로는 더 이상 설명이 불가능한 제3의 영역(예컨대 범죄행위에 대한 예방적 대처)이 존재한다는 점이 인정되어 있는바, 본문에서 말하는 독일법(이론)의 발전은 이러한 면과 관련 있다고 생각된다.

7) S. *Nelles/Tinkl/Lauchstädt*, in: Schulze/Zuleeg/Kadelbach, Europarecht, § 42.

8) *Satzger*, Strafrecht, § 7 Rn. 3.

질서에서 예방적, 진압적 성격을 지니는 유럽연합의 규정들은 포괄적 판단의 출발점이 된다. 즉, 경찰법과 형사소송법 규범들이 「통신자료의 예비적 저장(Vorratsdatenspeicherung)*에 관한 지침」에 따라 존재하는 통신자료에 대한 접근을 허락한다면, 그와 같은 구조의 적법성은 경찰법적 관점에서뿐만 아니라 형사법적 관점에서도 평가되어야만 한다.

2. 유럽(연합)의 경찰-안전법의 기본구조

9 유럽연합은 법인격을 가지고 있고, 경찰-안전법도 포괄하는 단일한 구조를 가지고 있다. 기본적으로 모든 법영역에서 (의사)결정에 관한 동일한 규율이 적용된다. 2009년 이전의 법적 상황과는 달리, 경찰협력 및 사법협력(司法協力)에 있어서는 더 이상 어떠한 개념적 특별함도 존재하지 않는다. 이것은 예컨대 유럽연합 기본결의(Rahmen-beschlüsse)와 같은 법제정형식의 폐지라는 형태로 나타난다.

10 유럽연합의 변화된 형태는 2007년 12월 13일에 조인되고, 2009년 12월 1일에 발효된 리스본 조약에 기인한다. 동 조약은 유럽연합의 기둥구조(Säulenstruktur)를 폐지하였는바, 리스본조약 이전에 경찰협력 및 사법협력은 유럽연합의 기둥구조 중 세 번째 기둥으로서 일련의 특성을 보여 주고 있었다. 유럽공동체조약(Vertrag der Europäischen Gemein-schaft)은 「유럽연합의 운영에 관한 조약」으로 변경되었으며, 유럽연

---

* 역주: 통신자료의 예비적 저장이란 전화통신자료를 전기통신사업자가 특정한 기간동안 저장할 의무를 부여하고 국가기관의 법적 규범을 근거로 일정한 전제 조건하에서 관련자료에 접근하는 것을 허용하는 것을 말한다(쿠겔만의 독일경찰법, 서정범·박병욱 역, 세창출판사, 2015, 176쪽 이하).

합조약은 그대로 존재하지만 내용적으로는 근본적인 변화를 맞게 된다. 유럽연합은 법인격을 지니고 있고, 유럽공동체(EG)의 법적 지위를 승계받은 유럽공동체의 후신(後身)이다.

│참고│ 유럽연합의 기둥구조(Säulenstruktur)

이 문단의 내용은 유럽연합의 기둥구조에 대한 이해가 선행하지 않고서는 그 의미를 파악하기 어려운 면이 있다고 생각되어, 이하에서 유럽연합의 기둥구조에 관하여 간단히 소개하기로 한다.

유럽연합(EU)의 설립을 가져온 마스트리히트 조약은 중요한 정책 분야를 3개로 분류하였는바, 이러한 중요정책분야를 기둥에 비유하여 유럽연합의 골격을 기둥구조라고 부르기 시작하였다. 3개의 기둥으로 이루어져 있는 점을 강조하여 3주체제(3柱體制, three-pillar system)라는 용어가 사용되기도 하는데, 3개의 기둥은 다음과 같다.

1. 첫 번째 기둥:「유럽 공동체」(EC) ― 경제, 사회, 환경 정책 분야
2. 두 번째 기둥:「공동 외교 안보 정책」(CFSP) ― 외교, 군사 분야
3. 세 번째 기둥:「범죄 문제의 경찰·사법 협력」(PJCC) ― 범죄 대책 협력 분야

기둥구조가 폐지됨으로 인하여 경찰협력과 사법협력이 망명정책 및 이민정책, 국경통제, 민법상의 협력과 함께 하나의 편(篇, Titel) 속에 규정되게 되었다. 그것들이「유럽연합의 운영에 관한 조약」의 제5편 "자유, 안전 및 사법지대"를 형성한다. 사법협력은 제4장(AEUV 제82조 이하)에, 경찰협력은 제5장(AEUV 제87조 이하)에 규정되어 있다. 경찰협력과 사법협력은 유럽의회를 통한 의회의 통제를 받게 된다. 그에 더하여 유럽연합회원국 의회가 중요한 역할을 한다(EUV 제12조).

12   「유럽연합의 운영에 관한 조약」제5절에 따른 입법행위는 일반적으로 통상적인 입법절차를 거쳐 행해진다. 그에 대한 예외규정은 단지 경찰협력 및 사법협력의 특정영역에서만 발견된다. 형사사건에 있어서의 경찰협력과 관련하여서는 유럽의회와 유럽연합이사회(Der Rat der EU)가 통상적인 입법절차에 따라 단지 다음과 같은 사항에 대한 규율만을 정립할 수 있다. 즉,

① 필요한 정보의 수집, 저장, 처리, 분석 및 교환
② 직원에 대한 신임교육 및 재교육
③ 직원과 장비의 교체, 중요한 조직범죄의 유형을 발견하기 위한 공동의 수사기술에 대한 범죄기술연구와 관련된 협력(「유럽연합의 운영에 관한 조약」제87조)

┃참고┃ 유럽연합이사회와 유럽이사회

본서의 내용을 이해하기 위하여서는 유럽연합이사회와 유럽이사회의 개념이나 성격에 대한 이해가 선행되어야 한다고 생각되어, 이하에서 그들 기구에 대하여 간단히 소개하기로 한다.

1. 유럽연합이사회

유럽연합이사회(유럽聯合理事會: Der Rat der EU, Council of the European Union)는 '각료이사회'라고도 불리며 유럽연합회원국 각 분야별 각료(장관)들이 참석하는 회의로서 유럽의회와 더불어 집행위원회의 제안을 심의 · 의결하는 의사결정기구이다. 니스조약 체제하에서는 유럽연합이사회가 실질적인 최고 의사결정기구였으나, 리스본조약이 유럽연합이사회와 유럽의회의 공동결정절차를 통상적인 입법절차로 규정하면서 (상대적으로) 유럽의회의 권한이 대폭 강화되었다. 그러나 공동외교안보정책 및 내무 · 사법의 일부 분야에서는 유럽연합이사회가 여전히 독점적 의사결정기구로서의 역할을 유지하고 있다.

> ## 2. 유럽이사회
>
> 유럽이사회(유럽理事會: Der Europäische Rat, European Council)는 유럽
> 연합 회원국 정부의 정상들과 유럽연합집행위원회 위원장 등의 모임이며 유
> 럽연합의 최고 의사결정기구다. 유럽연합 정상회의라고 불리기도 한다.

경찰협력 및 사법협력의 특별함은 예외적으로 입법에 있어 회원국에   **13**
게 '입법안을 발의할 권한, 즉 발안권(發案權, Gesetzgebungsinitiative)'을
인정한다는 것에서 찾아볼 수 있다. 「유럽연합의 운영에 관한 조약」
제76조의 규정에 따르면 동 조약 제74조에 따른 입법행위 또는 행정상
협력을 위한 조치는 집행위원회(Kommission)의 발의에 의해서뿐만 아
니라, 회원국의 1/4 이상의 발의에 따라 개시될 수 있다.

유럽사법재판소(Europäische Gerichtshof, EuGH)는 경찰협력 및 사법협   **14**
력에 대한 일반적 관할권을 가지며, 따라서 **포괄적인 법적 통제**를 행사
한다. 리스본조약을 통해서 권리구제에 대한 제한이 없어졌다.[9] 그러
나 시민의 법적 지위를 침해하는 다수의 조치들이 (역내국가의) 국내법
에 근거하여 행해지는 경우, 이들 조치에 대하여는 역내국가의 법원에
제소하여 다투어야 한다. 따라서 「유럽연합의 운영에 관한 조약」제
276조에 따라 유럽사법재판소는 회원국의 경찰이나 다른 형사소추기
관의 조치의 유효여부 및 비례의 원칙에의 합치여부에 대한 심사, 또
는 공공의 질서의 유지나 국내 안전의 보호를 위한 회원국의 조치에
대한 심사에 대하여는 관할권이 없다. 그러나 유럽사법재판소의 결정
이 갖는 방사효(放射效, Ausstrahlungswirkungen)는 배제되지 않는데, 왜
냐하면 어떤 규범이나 조치에 대한 유럽사법재판소의 판단은 회원국
의 판단에도 영향을 미치기 때문이다.

---

9) *Thiele*, EuR 2010, 30; s. *Kugelmann*, in: Schulze/Zuleeg/Kadelbach, § 41 Rn.
  231 ff.

|참고| 유럽연합의 사법(司法)시스템

유럽연합은 역내국가와는 별도의 독자적인 사법시스템을 갖고 있는
바, 이러한 유럽연합의 사법시스템에 대한 이해 없이는 이하의 내용을 효
과적으로 이해하기 곤란한 면이 있다. 이에 유럽연합의 사법시스템, 특히
유럽연합의 법원조직에 관하여 간략히 소개하고자 한다. 이하의 내용에
관하여는 http://de.wikipedia.org/wiki/Gerichtshof_der_Europ%C3%A4
ischen_Union 참조.

1. 유럽사법재판소(Europäische Gerichtshof: EuGH)

유럽연합 내에 설치되어 있는 최고재판소로 룩셈부르크시에 위치하고
있다. 유럽연합 조약 및 제반 법률의 통일적 해석과 그 적용에 대한 판결을
통하여 유럽연합 법률의 이행을 보장하는 역할을 담당하고 있으며, 우리나
라에서는 '유럽법원'이라는 용어가 사용되기도 한다. 영문명은 European
Court of Justice이다.

2. 유럽 1심법원(Gericht der Europäischen Union: EuG)

유럽사법재판소의 하급심으로, 유럽사법재판소와 구분하기 위하여 '유
럽1심법원'이라는 용어가 사용되고 있다. 한편 Gericht der Europäischen
Union을 유럽1심법원이라고 부르고 있는 이유는 이 법원의 예전 명칭이
유럽 1심법원(Europäisches Gericht erster Instanz)이었다는 것에 기인한
다.

3. 전문법원(Fachgerichten)

유럽연합의 여러 기구와 그곳에서 근무하는 관료들 간의 분쟁을 전담
하기 위하여 2005년에 설치된 특별법원이다.

15   유럽연합회원국이 아닌 스위스, 아이슬란드, 노르웨이와 같은 국가는
자발적으로 유럽연합의 조치에 참여하거나 그에 상응하는 조약을 유

럽연합과 체결할 수 있다. 크로아티아나 마케도니아와 같은 가입후보
국은 앞으로 유럽연합에 가입할 것을 대비하여 이미 수차례에 걸쳐 유
럽연합법을 받아들인 바 있다. 유럽연합은 일반적으로 경제적 관계의
개선과 관련된 조약을, 부차적으로는 안전법적 테마와 관련된 조약을
다른 많은 국가들과 체결하였다.

| 참고 | 2016년 현재 유럽연합회원국

박영석 기자 / 20160522
트위터 @yonhap_graphics, 페이스북 tuney.kr/LeYN1

이 문단의 효과적 이해를 위하여 2016년 현재 유럽연합회원국 및 가입
후보국을 소개하면 위와 같다. 다만 영국의 경우 2016년 6월의 국민투표를
통하여 유럽연합 탈퇴(소위 브렉시트, Brexit)를 결정하였음은 유의하여야
한다. 또한 Rn.15에는 크로아티아를 유럽연합 가입후보국으로 설명하고
있으나, 이는 공역자가 텍스트로 삼고 있는 쿠겔만 교수의 저서가 크로아티

> 아가 유럽연합에 가입한 2013년 8월 이전에 발간되어 이를 반영하지 못하
> 고 있을 뿐, 크로아티아는 유럽연합의 28번째 회원국이라는 것도 유의하여
> 야 한다. 위 그림은 연합뉴스 자료에 기초한 것임을 밝혀 둔다.

16   유럽연합의 법질서는 유럽의 경찰-안전법상의 발전을 위한 법적 기본
틀을 제공하고 있다. 정치적 제안은 이렇게 주어진 법적인 틀 속에서
행해지고, 그의 성공 여부는 유럽연합의 정치적 여건에 달려 있다. 유
럽차원에서의 기본권은 유럽법의 관할규범과 마찬가지로 그와 같은
법적, 정치적 여건에 따라 정해지게 된다. 유럽연합이 안전을 유지하
기 위해 행하는 활동은 그 중점을 유럽연합 내의 국경의 철폐를 포함
한 이민 및 망명, 국경을 초월하는 위험[10] 및 범죄를 퇴치하기 위한 협
력 그리고 회원국의 형법 및 형사소송법의 규정통일에 두고 있다.[11]

17   유로폴(Europol)이나 앞으로 도입하고자 하는 유럽검찰 또는 「유럽연합
의 외부국경에 있어서의 효과적 협력을 위한 유럽공동기구(Europäischen
Agentur für die operative Zusammenarbeit an den Außengrenzen: FRONTEX*)」
는 이와 같은 노력의 제도적 산물(産物)이다. 그러나 안전보장과 관련
하여서는 관련 영역에서 활동하는 유럽연합이사회의 전문위원회나
워킹그룹(Arbeitsgruppen)이 중요한 역할을 한다. FRONTEX의 조직 내
에서의 업무수행의 과정은 유럽연합의 일반적인 규율에 따른다. 사법
및 내무정책에 대해서는 합의와 타협에 기한 유럽연합의 정치적 메커
니즘이 적용된다. 정치적 발의는 이러한 틀 안에서 행해지며, 그의 성

---

10) *Hecker*, EuR 2001, 826.

11) 실체적 형법에 대하여는 *Dannecker*, Jura 2006, 95 und 173.

  * 역주: FRONTEX라는 약어는 프랑스어의 Agence européenne pour la gestion
    de la coopération opérationnelle aux frontières extérieures의 밑줄친 부분을 통
    하여 만들어진 것인데, 이에 관하여 자세한 것은 본서의 Rn.155 이하 참조.

공여부는 유럽연합의 정치적 상황에 따라 좌우된다.

발전하고 있는 유럽의 사법 및 내무정책과 관련하여서는 **민주적, 법치**   **18**
국가적 기준의 준수가 보장되어야 한다. 이것은 관련 조치 및 그의 투
명성에 대한 의회나 법원에 의한 통제와 관련 있다.[12] 유럽연합의 개
혁을 위한 노력은 이러한 사정을 고려하고 있다. 리스본조약을 통해서
기본권헌장이 구속력을 가지게 되었고, 유럽사법재판소를 통한 권리
구제가 확대되었으며, 역내국가의 의회에의 구속을 통한 의회에 의한
통제가 확장되었다. 이를 통하여 다툼이 있는 사안들이 모두 해결된
것은 아니지만 유럽연합차원에서 자유와 안전의 균형을 유지하기 위
한 구조와 도구들이 개선된 것만은 틀림없다.

유럽연합은 회원국들과 유럽연합의 시민들에 의해 정당성을 부여받는   **19**
다. 개인의 법적 지위의 강화는 유럽의 사법 및 내무정책에 있어서도 중
요한 요소이다. 유럽연합법은 그를 위하여 유럽연합시민권, 기본적 자
유, 특히 기본권헌장에 보장된 기본권을 법적으로 보장하고 있다.

3. 기본권과 유럽연합시민권

3.1. 유럽의 기본권구조 개관

유럽의 경찰-안전법은 유럽의 기본권과 합치해야 한다. 유럽인권협약   **20**
(EMRK), 역내국가에서의 기본권 보장, 그리고 기본권헌장(Grundrechte-
Charta, GRCh)에 규정되어 있는 유럽법상의 기본권은 **유럽의 기본권**

---

12) *Gusy*, POR, Rn. 28 m.w.N.

구조 속에서 상호 영향을 미친다.[13) 리스본조약을 통해서 기본권헌장
은 유럽연합법에 편입되어 구속력을 가지게 되었다(유럽연합조약 제6
조 제1항).[14) 이처럼 기본권헌장에 기본조약과 동일한 지위를 부여하
는 것은 기본권에 근거를 두어야 하는 민주적 회원국에 있어서 매우
중요한 의미를 가진다. 이러한 내용은 독일 기본법 제23조 제1항 제1
문이 적시하고 있는 독일의 (유럽연합의 발전을 위한) 상호작용 관련규
정에서도 확인된다. 그 밖에 불문(不文)의 유럽연합기본권은 유럽연
합법의 일반적 법원칙으로서 계속해서 적용된다(유럽연합조약 제6조
제3항). 유럽의 기본권보호는 ―유럽공동체의 후신으로서 법인격을
취득하였던 유럽연합이 1950년 11월 4일의 유럽인권협약(der
Europäischen Konvention zum Schutz der Menschenrechte und Grund-
freiheiten)에 가입하도록 규정하고 있는― 유럽연합조약 제6조 제2항
의 규정을 통해서 보완된다.

21 유럽연합법을 제정하거나 적용함에 있어서 유럽연합의 조직이나 기
구가 기본권에 구속된다는 것은 「유럽연합의 운영에 관한 조약」을 근
거로 한다. 예컨대 「유럽연합의 운영에 관한 조약」 제77조 이하의 이
민법, 망명법이 이와 관련 있다. 또한 형사사건, 특히 「유럽연합의 운
영에 관한 조약」 제77조 이하와 동 조약 제82조 이하에 따른 경찰협력
및 사법협력의 틀 안에서 조치를 취하는 경우에 있어서도 유럽연합이
사회는 기본권에 기속된다.

---

13) 전체적인 개관은 *Kühling*, in: v. Bogdandy (Hg.), Europäisches
   Verfassungsrecht, 2009, S. 657 ff. m.w.N. 참조. 또한 *Ehlers* (Hg.),
   Europäische Grundrechte und Grundfreiheiten, 3. Aufl. 2009; *Jarass*, Die
   EU-Grundrechte, 2. Aufl. 2007.

14) *Calliess*, JZ 2009, 113; *Pache/Rösch*, EuZW 2008, S. 519.

유럽연합의 기구들이 유럽기본권에 구속된다는 것에 대하여는 의문 **22**
의 여지가 없는 것에 반하여, **유럽연합 회원국이 유럽기본권에 구속되**
는지 여부는 논쟁의 여지가 있다. 왜냐하면 유럽기본권과 유럽연합 회
원국 국내의 기본권과의 충돌이 있을 수 있으며, 유럽연합의 권한이
확장될 우려를 배제할 수 없기 때문이다.[15] 그러나 유럽사법재판소의
판례에 근거하고 있는 현행 유럽연합법은 이미 그와 같은 구속력을 인
정하고 있다.[16] 따라서 유럽연합 회원국의 집행관청이 고유한 (자유로
운) 행위영역을 갖지 않는 경우에는, 유럽연합 회원국은 유럽연합법적
으로 규율되는 행정법의 적용에 있어서도 유럽기본권에 포괄적으로
구속된다.[17] 유럽사법재판소는 특히 유럽의 농업법과 관련하여 이를
확인한 바 있다.[18] 유럽화된 자국(自國)의 법을 집행함에 있어서도 유
럽연합 회원국은 유럽기본권에 구속되는데, 다만 이 경우에는 그 범위
에 대하여 구체화를 필요로 한다.[19]

기본권헌장 제51조 제1항에 따르면 동 헌장은 유럽연합의 조직이나 기 **23**
구에 대해서 적용될 뿐만 아니라 ―유럽연합법을 집행하는 경우라면―
유럽연합법을 집행하는 유럽연합 회원국에도 적용된다. 집행이라는
개념을 적용하는 경우 유럽기본권과 관련하여 유럽연합 회원국의 의
무를 좁게 이해할 필요는 전혀 없다.[20] 유럽연합 회원국의 국내법규가

---

15) *Brosius-Gersdorf*, JA 2007, 873.

16) *Kugelmann*, Grundrechte in Europa, 1997, S. 22 ff.; *Ruffert*, EuGRZ 2004, 466 (467); *Scheuing*, EuR 2005, 162 m.w.N.

17) *Kühling*, in: v. Bogdandy (Hg.), Europäisches Verfassungsrecht, 2009, S. 682; *Ruffert*, EuGRZ 1995, 518 (527 f.).

18) EuGH, Rs. 5/88 (Wachauf), Slg. 1989, S. 2609, Rn. 19; EuGH, verb. Rs. 201 u. 202/85 (Klensch), Slg. 1986, S. 3477, Rn. 8.

19) *Ehlers*, in: ders. (Hg.), Grundrechte, § 14, Rn. 29 ff.

20) *Grabenwarter*, EuGRZ 2004, 563 (564); 반대의 견해로는 *Borowsky*, in:

기본적 자유의 제한으로 평가될 수 있는 경우에 유럽연합 회원국은 유럽기본권에 구속된다는 견해가 타당한 것으로 보이며, 유럽사법재판소 역시 계속하여 같은 취지의 판례를 내놓고 있다.21)22)

24 기본권의 실현은 법원을 통한 권리구제의 효율성에 달려 있다. 연방헌법재판소, 유럽사법재판소, 유럽인권법원(EGMR)의 상호관계는 계속하여 많이 논의되는 복잡한 테마인데, 왜냐하면 유럽에서의 기본권의 보장만큼 중요한 것은 없기 때문이다.23) ―유럽인권법원과의 관계에 있어서― 유럽인권협약이 독일 법질서내에서 통용되고 효력이 있다는 것을 명백하게 강조하는24) 독일 연방헌법재판소는 기본권의 해석에 있어서 내용적으로 유럽인권협약이 독일 국내법과 동일한 효력을 갖는다는 것을 인정하는 경향이 있다.25) 다만 유럽인권협약은 독일 기본법상의 기본권을 해석함에 있어 단지 보조적 수단으로 기능해야 하며, 따라서 독일 연방헌법재판소는 유럽인권협약에 국내법과 완전히 동등한 지위를 인정하지는 않는다.26) 그러나 유럽인권법원은 출판물에 유명인의 사진을 게재하는 것이 문제되었던 카롤린 판결(Caroline-Entscheidung)*에서 언론의 자유와 일반적 인격권의 긴장관계를 독일

Meyer (Hg.), Art. 51 GR-Ch, Rn. 5 - 9.

21) EuGH, Rs. C-260/89 (ERT), Slg. 1991, I-2925, Rn. 43 ff.

22) *Streinz*, Europarecht, Rn. 368; 비판적인 견해로는 *W. Cremer*, NVwZ 2004, 668 (669 mit Fn. 1) und *ders.*, NVwZ 2003, 1452 (1453); *Kingreen*, EuGRZ 2004, 570 (576) und *ders.*, JuS 2000, 857 (865).

23) *Schilling*, Deutscher Grundrechtschutz zwischen staatlicher Souveränität und menschenrechtlicher Europäisierung, 2009; *Wiethoff*, Das konzeptionelle Verhältnis von EuGH und EGMR, 2008.

24) BVerfGE 111, 307; vgl. *Grupp/Stelkens*, DVBl. 2005, 133.

25) BVerfGE 74, 358 (370); *Broß*, EuGRZ 2004, 1 (14).

26) BVerfG, Urt.v.4.5.2011, 2 BvR 2365/09 u.a. (Sicherungsverwahrung), LS 2 und Abs. Nr. 88 f. (www.bundesverfassungsgericht.de).

연방헌법재판소와는 다른 방식으로 해결하였다.27)

기본권보호에 관한 독일 연방헌법재판소의 판례에 따르면 유럽연합과   25
의 관계에 있어 유럽연합법의 집행에 대한 기본권적 통제에 대하여는
유럽사법재판소가 우선적으로 관할권을 갖는다.28) 따라서 유럽연합
의 사법기구인 유럽사법재판소가 유럽연합법에 합당한 기본권수준을
보장하는 한, 독일 연방헌법재판소는 기본법상의 기본권과 관련하여
그에게 유보되어 있는 재판권을 행사하지는 않는다.29) 즉, 당해 사안
과 더 밀접한 관련이 있는 법원이 우선적으로 결정해야 하는 것이 원
칙이지만, 기본권의 일반적인 수준이 보장된다면 구체적 사례에 있어
달리 판단할 수 있는 경우에도 독일 연방헌법재판소는 판단을 자제하
여야 한다. 독일 연방헌법재판소의 이러한 Solange 판례(Solange-
Rechtsprechung)*는 유럽사법재판소를 통한 유럽차원에서의 기본권보

---

  * 역주: 모나코 공국과 하노버 공국의 공주인 카롤린 공주는 사생활이 가십잡
    지에 의해 언론에 자주 노출되었다. 이에 1990년대 초반 이후 카롤린 공주는
    변호사의 도움을 얻어 자신의 사생활을 파파라치들이 촬영, 배포하는 것에
    대하여 독일의 통상법원과 독일 연방헌법재판소, 유럽인권법원에 소송을
    제기하였다. 카롤린 공주가 제기한 소송에 대한 일련의 판례를 카롤린 판결
    이라고 하는바, 2004년 유럽인권법원의 판결은 유명인의 사생활에 관한 보도
    를 상당 부분 제한하는 결과를 가져왔다. 카롤린 판결에 관하여 보다 자세한
    것은 https://de.wikipedia.org/wiki/Caroline-Urteile 참조.
 27) EGMR, Urt.v.24.6.2004, Beschwerde Nr. 59320/00 (Caroline von Monaco),
    EuGRZ 2004, 404 = NJW 2004, 2647 = DVBl. 2004, 1091 = JuS 2005, 160
    (*Dörr*); 이에 관하여는 *Heldrich*, NJW 2004, 2634. 새로이 개시된 절차는 현
    재 유럽인권법원에 계속되어 있는데, 이에 관하여 일반적인 것은 *Calliess*, JZ
    2009, 113.
 28) *Classen*, in: v. Mangoldt/Klein/Starck (Hg.), GG, Art. 23, Rn. 48 ff.; *Streinz*,
    in: Sachs (Hg.), GG, Art. 23, Rn. 41 ff.
 29) BVerfGE 73, 339 (Solange II) in Umkehrung von E 37, 271 (Solange I); E 89,
    155(Maastricht)에 대한 회의적(懷疑的) 평석이 있은 후에 E 102, 147
    (Bananenbeschluss)에서 원칙적으로 이러한 점이 확인되었다.

장에 중점을 두고 있다. 유럽사법재판소는 기본권헌장의 법적인 구속력
이 확인된 이후로 기본권에 관한 자신의 판례를 점차 확장하고 있다.

26   리스본 조약에 관한 판결에서 독일 연방헌법재판소는 유럽통합에 대
한 근거와 한계에 관한 자신이 입장을 상세히 밝히고 있다.30) 그 내용
은 사회법, 형법 또는 외교관계의 측면을 포함하고 있다. 사법정책 및
내무정책의 유럽화에 대한 결과는 아직까지 구체적으로 설명되지 않
고 있다. 독일 연방헌법재판소는 유럽법적인 메커니즘, 특히 유럽의회
가 활동할 수 있는 여지를 인정하지 않음으로써 국가주권의 특성과 유
럽연합내에서의 독일의 역할을 강조하고 있다.31) 그 결과 독일 연방헌
법재판소가 유럽연합의 권한행사에 대하여 심사할 수 있는지 여부와,
심사할 수 있다면 어느 정도까지 심사할 수 있는지를 둘러싼 문제가
제기된다. 독일 연방헌법재판소는 다른 결정에서 자신의 재판권을 공
격적으로 수행하지 않을 것임을 명확히 밝힘으로써 그 문제에 대하여
자신들이 회의적 입장에 있다는 것을 밝힌 바 있다.32)

27   룩셈부르크의 유럽사법재판소와 스트라스부르크의 유럽인권법원과의
관계에 있어서도 유사한 원칙이 적용된다. 리딩케이스가 되는 보스포
러스 판결(Bosphorus Entscheidung)에서 유럽인권법원은 유럽인권법원

---

* 역주: 'Solange 판례'란 유럽법이 독일 국내법과 기본적으로 충돌하지 않는
    한, 유럽법을 존중해야 한다는 원칙을 설시한 독일 연방헌법재판소의 일련
    의 판례를 말한다. Solange 판례의 구체적 예에 관하여는 주 29) 참조.

30) BVerfGE 123, 267. *Franzius*, DÖV 2008, 933.

31) 이러한 논의에 관하여는 *Classen*, JZ 2009, 881; *Gärditz/Hillgruber*, JZ 2009,
    872; *Pache*, EuGRZ 2009, 285; *Ruffert*, DVBl. 2009, 1197; *Schorkopf*, EuZW
    2009, 718; *Terhechte*, Lissabon, EuZW 2009, 724.

32) BVerfG, Urt.v.6.7.2010, EuGRZ 2010, 497 = EuZW 2010, 828 = NJW 2010,
    3422, 이에 관하여는 *Karpenstein/Johann*, NJW 2010, 3405.

에 의한 기본권보호에 견줄 만한 수준의 기본권보호가 보장되는 한, 유럽사법재판소의 재판고권(Rechtsprechungshoheit)이 원칙적으로 우위에 있음을 인정하였다.[33] 이와 같은 의미에서 (유럽인권법원에 의한 기본권보호와) 동일한 수준의 기본권보호가 존재한다면, 한 국가가 유럽연합과의 협력을 통하여 유럽인권협약상의 의무에서 벗어날 수 없다는 추정이 유효하다.[34] 유럽연합의 법시스템은 유럽인권법원에 의한 기본권보호에 견줄 만한 기본권보호를 보장하고 있는바, 이러한 기본권보호는 유럽사법재판소와 역내국가의 법원 간의 협력을 통하여 소송의 방식으로 관철할 수 있다.[35] 유럽인권법원은 기본권보호에 명백한 결함이 있지 않다면, 일반적으로 유럽인권법원에 의한 기본권보호에 견줄 만한 기본권보호가 이루어지는 것으로 보고 있다. 한편 이러한 결론에 대하여는 개인적 법익보호에 지나친 어려움을 초래한다는 비판이 제기되고 있는바, 왜냐하면 기본권침해가 있음을 이유로 이의를 제기하는 자가 그러한 명백한 결함이 있다는 것을 증명하기가 거의 불가능하기 때문이다.[36] 그러나 유럽연합법의 차원에서 개인적 법익이 보장되므로, 그 한도에서 유럽인권협약의 '최후의 기본권보호수단으로서의 기능'(Notankerfunktion)이란 구조는 충분히 관철되고 있다.

---

33) EGMR, Urt. v. 30.6.2005, Beschwerde Nr. 45036/98 (Bosphorus Hava Yollari Turizm ve Ticaret Anonim Şirketi / Irland), NJW 2006, 197, Ziff. 155; 이에 관하여는 *Haratsch*, ZaöRV 66 (2006), 927; *Heer-Reißmann*, NJW 2006, 191; 또한 *Schohe*, EuZW 2006, 33. 동일한 사안에 관한 EuGH, Rs. C-84/95 (Bosphorus Hava Yollari Turizm ve Ticaret Anonim Şirketi /Irland), Slg. 1996, I-3953를 보라.

34) Ebd. Ziff. 156.

35) Ebd. Ziff. 164.

36) *Heer-Reißmann*, NJW 2006, 191 (194); *Schohe*, EuZW 2006, 33.

|참고| 보스포러스 판결(Bosphorus Entscheidung)

유럽인권법원은 2005년 6월 30일의 보스포러스 판결(EGMR, Urt. v. 30.6.2005, Beschwerde Nr. 45036/98. - Bosphorus Hava Yollari Turizm ve Ticaret Anonim Şoirketi v. Ireland)을 통하여 유럽인권법원과 유럽사법재판소와의 (협력)관계를 독일 연방헌법재판소가 자신과 유럽법원과의 관계를 정한 Solange II 판결과 관련지어 설명하고자 시도하였는바, 이하에서 동 판결에 관하여 간략히 소개하기로 한다. 판결의 내용 및 그에 대한 비판적 고찰에 관하여 상세한 것은 Haratsch, ZaoRV 66 (2006), 927-947 참조.

1. 사 안

UN 안전보장이사회는 1993년의 유엔결의 820에 따라 유고슬라비아에서의 무장투쟁 및 중대한 인권침해사안과 관련하여 유고슬라비아공화국에 주된 사무소를 두고 있는 기업 및 그곳을 활동지역으로 하는 개인이 소유하고 있거나 그러한 사람이나 기업에 의해 관리되는 수상운송기구, 화물차, 철도, 항공기를 압수할 의무를 부과하였다(S/RES/820 v. 17.4.1993, Ziff. 24, dt. Text in: Vereinte Nationen 1993, 75.). 그리고 이에 근거하여 1994년에 아일랜드 교통관이 유고슬라비아 항공회사 JAT 소유의 여객기를 리스하여 운영하고 있는 보스포러스 항공사 소속 여객기 2대에 대하여 압수명령을 내리자, 동 압수처분에 대하여 보스포러스 항공사가 아일랜드법원에 소송을 제기하게 되었다.

2. 진 행

아일랜드 최고법원은 이 사건을 유럽사법재판소에 이송하였는바, 유럽사법재판소는 1996년 판결을 통하여 "소유권보호 및 직업의 자유와 관련된 유럽공동체법의 기본권침해의 문제는 인정되지만, 관련 제재(압수)는 유고슬라비아의 전쟁상황 및 대규모의 인권침해 상황을 끝내는 데 기여하는 바 있으므로 압수는 정당화된다"라고 판시하였다[EuGH, Urt. v.

30.7.1996, Rs. C-84/95 (Bosphorus), Slg. 1996, I-3953, Rn. 26.]. 유럽사법
재판소의 판결에 근거하여 아일랜드 최고법원은 법적 보호이익이 없음을
이유로 당해 소송을 기각하였고, 이에 보스포러스 항공사는 항공기의 압
수는 유럽인권협약 보충조항 제1조 제1항에 따른 소유권의 침해라고 주
장하며 유럽인권법원에 소송을 제기하기에 이르렀다.

3. 유럽인권법원의 보스포러스 판결

유럽인권법원은 아일랜드 측의 행위가 소유권에 대한 침해라는 점을
인정하면서도, "유럽공동체법이 정하는 의무의 수행을 위한 기본권 침해
는 유럽공동체가 실체적으로나 절차적으로 유럽인권협약을 통해 매개되
는 보호를 최소한 동 가치의 것으로 간주하는 방식으로 보호하는 한
(solange) 정당화될 수 있다"고 보았다. 이러한 사정에 관하여는 EGMR,
Urt. v. 30.6.2005, Beschwerde Nr. 45036/98 (Bosphorus Hava Yollari
Turizm ve Ticaret Anonim Şoirketi v. Ireland), Ziff. 154, NJW 2006, 197
(202).

따라서 경찰-안전법과 관련된 유럽연합의 조치는 우선적으로 **유럽사**   28
법재판소와 유럽1심법원의 관할에 속한다. 유럽사법재판소와 유럽1심
법원은 유럽연합의 조치가 유럽연합법상의 기본권과 합치하는지 여
부, 또는 집행수단이 기본권에 반하는지 여부를 심사하여야 한다.[37]
연방헌법재판소와 유럽인권법원의 재판관할권의 구분에 있어서는 법
질서가 기준이 되는 것이지, 법적 효과가 발생하는 영토나 해당 조치
를 행한 행정관청이 기준이 되는 것이 아니다. 유럽연합 기본법의 해
석에 있어서 유럽사법재판소와 유럽1심법원은 유럽인권법원의 판례
를 기준으로 삼고 있다. 기본권과 인권의 내용은 대부분 유사한 것으
로 이해된다. 그럼에도 불구하고 차이점이 명백히 드러나는 몇몇 사례
가 있다. 그 경우에는 적용될 수 있는 법과 재판관할이 더욱더 중요한

---

37) *Schöndorf-Haubold*, Sicherheitsverwaltungsrecht, Rn. 156 ff.

역할을 한다.

29   유럽연합법의 경우 기본권통제에 대한 관할권은 유럽연합법과 역내
국가의 국내법의 관계에 대한 일반원칙에 따르는 것이 일반적이다. 유
럽연합의 지침이나 기본결의(Rahmenbeschluss)와 같은 구제도(舊制度,
Altinstrument)가 변경되게 되면, 역내국가의 국내법만이 남게 되며, 그
경우에는 그러한 국내법(예를 들어 독일법)은 국내 기본권에 따라 판단
되어야 된다. 유럽체포영장(Europäischen Haftbefehl)에 관한 독일 연방
헌법재판소의 판결의 경우가 그러했는바, 동 판결에서 유럽연합의 기
본결의를 변경한 독일법은 무효라고 판시되었다.38) 독일의 행정관청
이 구체적 사례에서 ―예컨대, 행정행위를 발함으로써― 어떤 결정을
내리는 경우에는, 그 결정의 법적 근거가 중요하다. 일반적으로 역내국
가의 국내법의 법적 근거가 문제되는바, 그에 대하여는 기본법이 기준
을 설정한다. 그러나 그 결정이 유럽연합법의 적용영역에 해당된다면
그것은 「유럽연합의 운영에 관한 조약」에 따라 판단될 수 있다.

3.2. 기본권 헌장 제6조에 따른 자유와 안전에 관한 권리

30   기본권헌장(Grundrechte-Charta)은 리스본조약을 통해서 법적 구속력
을 가지게 되었다(기본권헌장 제6조 제1항).39) 기본권헌장의 자유권은
대부분 유럽인권협약에 담겨 있는 권리를 전형(典型)으로 하고 있다.
기본권헌장의 권리들이 유럽인권협약이 보장하고 있는 권리와 동일

---

38) BVerfGE 113, 273; dazu *Tomuschat*, EuGRZ 2005, 453; *J. Vogel*, JZ 2005, 801;
   vgl. 폴란드 헌법재판소의 2005년 4월 27일의 판결, Az. P 1/05, EuR 2005,
   494. 한편 동 판결에서 폴란드 헌법재판소는 유럽연합의 기본결정을 받아들
   인 폴란드의 법을 부분위헌이라고 판시하였다.

39) BVerfGE 123, 267, Rn. 35.

한 것인 경우에는, 기본권헌장 제52조 제3항 제1문에 따라 기본권헌장의 권리들은 (유럽인권협약이 보장하고 있는) 기본권과 동일한 의미와 적용범위를 가져야 한다. 기본권헌장의 조항이 유럽인권협약이 보장하고 있는 권리를 제한하는 결과를 초래하여서는 아니 된다. 기본권헌장의 효력과 적용영역에 대한 규정들에 관하여는 ―구체적인 경우에 있어서― 다툼이 있다.

기본권헌장 제6조의 규정은 유럽인권협약 제5조 제1항 제1문에 상응하는 것으로,[40] 국가기관에 대한 인신의 자유(人身의 自由, habeas corpus-Recht)로서의 신체의 자유를 보장한다. 유럽인권협약 제5조는 자의적(恣意的) 체포와 자유박탈의 금지[41] 및 자유박탈에 대한 법적 통제를 그의 보호영역으로 한다. 유럽인권법원의 판례에 있어서 안전권(安全權, Das Recht auf Sicherheit)은 독자적인 의의를 갖지 못하였다.[42] 그러나 유럽인권협약 제5조는 기본권헌장 제6조에 비하여 훨씬 더 상세하게 규정하고 있다. 즉, 유럽인권협약 제5조 제1항 제2문은 어떠한 조건 하에서 자유가 적법하게 박탈될 수 있는지를 규정하고 있으며, 동조 제2항부터 5항까지는 자유의 박탈과 관련하여 절차적 보장을 확고하게 규정하고 있다. 일반적인 사법권(司法權)을 보장하고 있는 기본권헌장 제47조 이하의 규정들 또한 이러한 측면(의 일부분)을 담고 있다. 기본권헌장이 유럽인권협약상의 기본권보장의 수준에 미치지 못하여서는 아니 되기 때문에(기본권헌장 제53조) 기본권헌장 제47조 이하에 언급되지 않은 권리들은 기본권헌장 제6조로부터 도출될 수 있어야 한다.

31

---

40) *Jarass*, EU-Grundrechte, § 11, Rn. 1 f.

41) EGMR, Urt.v.25.6.1996 (Amuur), EuGRZ 1996, 577, Ziff. 42.

42) *Grabenwarter*, in: Ehlers (Hg.), § 6, Rn. 6.

32   기본권헌장 제6조의 규정은 경찰과 사법부의 부적법한 침해로부터 자유와 안전을 보장한다. 동조는 유럽인권협약 제5조와 관련있을 뿐만 아니라 시민적, 정치적 권리[43]에 관한 국제조약인 유럽인권협약 제9조부터 제11조*의 보장과도 관련이 있다. 한편 유럽인권협약 제9조부터 제11조는 그 효력이 발생한 국가에 있어서는 국제법상의 인권보장 장치로서 간주되고 있다. 모든 유럽연합 회원국들이 그러한 국가에 해당한다. 시민의 개인적 자유의 보장이란 맥락에서 볼 때, 기본권헌장은 국가의 자의(恣意)로부터 개인을 보호하기 위하여 성립한 권리인 인신(人身)의 자유의 보장을 추구한다. 기본권헌장 제6조는 최소한 이와 같은 사법적(司法的) 보장을 그 보호영역으로 하고 있다.

33   전술한 바와 같이 기본권헌장 제6조는 아무런 방해도 받지 않고 자신의 자유권을 행사할 권리를 내용으로 하고 있지만, 국가기관에 대하여 안전한 상태를 만들어 줄 것을 요구하는 주관적 권리까지 규정하고 있지는 않다.[44] 기본권헌장은 의식적으로 '일반적인 행동의 자유'를 채택하지 않았으며,[45] 그를 통하여 유럽인권협약에 따르고 있다. 그러나 유럽인권법원은 유럽인권협약 제8조의 사생활의 보호를 매우 넓게 이해하여 일반적인 행동의 자유가 그에 포섭될 수 있는 것으로 보고 있으며,[46] 따라서 유럽인권협약 제8조에 이른바 포섭기능(包攝機能, Auffangfunktion)이 인정된다.[47] 한편 기본권헌장은 제7조에서 사생활

---

43) Internationaler Pakt über bürgerliche und politische Rechte vom 19. Dezember 1966, BGBl. 1973 II, S. 1534.

 * 역주: 유럽인권협약 제9조는 종교, 사상, 양심의 자유를 보장하고 있으며, 제10조는 표현의 자유를 보장하고 있다. 또한 제11조는 집회와 결사의 자유를 보장하고 있다.

44) *Grabenwarter,* EMRK, § 21, Rn. 2.

45) *Borowsky,* in: Meyer (Hg.), Art. 1 GR-Ch, Rn. 34.

46) *Kugelmann,* EuGRZ 2003, 16 (25).

과 가족생활의 존중을 보장하고 있는바, 따라서 그와 유사한 포섭기능
은 오히려 기본권헌장 제7조에 인정되어야 한다.

유럽인권법원의 판례에 있어서 안전권(Das Recht auf Sicherheit)은 —개   **34**
인적 자유권이 매우 중요한 의미를 갖는 것과는 달리— 아무런 의미도
갖지 못한다. 그렇지만 유럽인권법원은 유럽연합 회원국의 고권적 영
역 외에서의 국가적 조치로부터 개인의 보호를 보장할 필요성을 안전
권으로부터 도출한 바 있다.[48]

자유와 안전의 보장은 조직법적 보호장치와 절차법적 보호장치를 필   **35**
요로 한다.[49] 기본권헌장 제6조는 자유박탈의 국가적 절차의 형성에
직접적인 영향을 미친다. 나아가 유럽연합이 제정하는 법은 시민의 자
유를 보장하기에 충분하고도 상당한 보호장치를 갖고 있어야만 한다.
유럽체포영장*에 관한 기본결의(Rahmenbeschluss)와 같이 시민의 권리
를 특히 과도하게 침해하는 법이 그에 해당된다.

보호의무의 기본권적 영역은 기본권헌장 제6조에 있어서는 아무런 역   **36**

---

47) *Uerpmann-Wittzack*, in: Ehlers (Hg.), Grundrechte, § 3, Rn. 3.
48) *Grabenwarter*, EMRK, § 21, Rn. 3.
49) *Bernsdorff*, in; Meyer (Hg.), Art. 6 GR-Ch, Rn. 14; *Jarass*, EU-Grundrechte, §
    11, Rn. 19 ff.
  * 역주: 9 · 11 테러사건 이후에 2002년 6월 13일의 기본결의에 근거하여 유럽
    체포영장(Der Europäische Haftbefehl) 시스템이 도입되었는바, 유럽체포영
    장시스템은 유럽연합 회원국이 발부한 체포영장이 유럽연합 역내에서 관철
    될 수 있도록 하기 위한 장치이다. 유럽체포영장 시스템하에서는 범죄인인
    도를 요청받은 국가는 유럽체포영장을 발부한 국가의 체포영장의 적법성을
    심사하지 못하며, 또한 범죄인인도요청을 받은 국가는 인도를 거절할 수 없
    다. 유럽체포영장을 통하여 피고인과 피의자의 이송절차가 대폭적으로 간
    소화되었다.

할도 하지 못한다. 기본권헌장의 수범자는 개인의 자유를 보장할 의무
를 갖는다.50) 그러나 유럽연합은 아직까지는 인신(人身)의 자유와 관
련된 법을 제정할 규범정립권한을 가지고 있지 않다.

3.3. 유럽인권협약 제8조와 기본권헌장 제8조에 따른 정보보호

37   경찰-안전법 영역에서 유럽사회가 기울이는 노력은 유럽연합 회원국
관청 사이의 커뮤니케이션을 증진시키고, 그를 통하여 정보의 수집과
제공을 개선하는 것을 그 본질적 요소로 한다. 커뮤니케이션 관계를
형성하고 발전시켜 나가는 과정에 있어서는 정보보호가 중요한 의미
를 갖는다. 그런데 경찰 및 사법협력을 위한 정보보호법상의 규정은
일목요연하지 않으며, 개선을 요한다.51) 시스템화, 단일화를 위한 정
치적 노력은 법적으로 환영할 만한 일이다.

38   유럽연합이 정보보호와 관련된 입법을 행하여 왔기 때문에 유럽의 정
보보호는 다른 기본권들에 비하여 이미 상당히 발전된 모습을 보여 주
고 있다. 2차법의(sekundärrechtliche)* 내용 또한 기본권보호를 위한 다
양한 시도를 가능케 하며, 해석상의 도움을 제공한다. 이에 반하여 정
보보호에 관한 이론의 형성은 아직 진행 중에 있다.52) 전체적으로 볼

---

50) *Jarass*, EU-Grundrechte, § 11, Rn. 24.

51) 이러한 문제에 관한 개괄적 내용에 관하여는 *bei Boehm*, JA 2009, 435.

* 역주: 유럽연합의 법원(法源)을 설명함에 있어서 1차법(Das Primärrecht), 2
  차법(Das Sekundärrecht)이란 용어가 사용되고 있는바, 그 의미는 다음과
  같다. 먼저 1차법은 좁은 의미에서의 유럽법의 중심적 법원으로, 유럽연합
  회원국 간에 체결된 조약(예: 리스본조약)으로 이루어져 있다. 한편 2차법
  은 1차법으로부터 파생된 것, 즉 1차법을 근거로 유럽연합 또는 유럽핵공
  동체가 제정한 법을 말하는바, 유럽연합규정(Verordnung), 유럽연합지침
  (Richtlinien) 등이 2차법에 해당한다.

때 유럽연합에서의 정보보호의 기준은 계속해서 발전할 필요가 있으며, 그의 실효성 확보를 위해 효율화를 필요로 한다.53) 그와 관련하여 유럽인권협약 제8조와 기본권헌장 제8조가 함께 고려된다. 유럽사법재판소의 판례는 유럽연합 내에서의 법률유보라는 근본적 문제의 설명을 정보보호의 문제로부터 시작하고 있다.54)

정보의 자기결정권(Das Recht auf informationelle Selbstbestimmung)은 유　**39**
럽인권협약 제8조를 통하여 보장된다.55) 유럽인권협약 제8조 제1항의 규정은 개인의 은밀한 영역뿐만 아니라, 사적인 커뮤니케이션의 영역과도 관련된다.56) 여기에는 인터넷을 통한 커뮤니케이션도 포함된다.57) 정보의 자기결정권은 그것이 갖는 포섭기능에 따라 모든 사생활의 보호를 포괄하며, 그것에는 외부세계와의 접촉도 포함된다.58) 개인적 커뮤니케이션은 그의 실현을 위해 이용되는 기술수단과는 상관없이 유럽인권협약 제8조가 정하는 사생활의 일부로서 보호된다.59) 유럽인권협약 제8조는 국가의 감시로부터의 통신보호도 보장하고 있다.60) 사생활은 개인이 그의 기호에 따라 다른 사람과 관계를 맺고 발전시킬 자유를 가질 때 존중받을 가치가 있다.61)

---

52) *Britz*, EuGRZ 2009, 1.
53) Vgl. *Braum*, KritV 2008, 82.
54) *Spiecker*, gen. *Döhmann/Eisenbarth*, JZ 2011, 169.
55) *Grabenwarter*, EMRK, § 22, Rn. 26, 35.
56) *Kugelmann*, EuGRZ 2003, 16 (21).
57) *Uerpmann-Wittzack/Jankowska-Gilberg*, MMR 2008, 83.
58) *Stern*, in: Festschrift für Ress, 2005, S. 1259 (1272).
59) *Kugelmann*, EuGRZ 2003, 16 (22) m.w.N.
60) 유럽인권협약 제8조에 관하여는 또한 BVerfGE 100, 313 (363).
61) EGMR, Urt.v.16.12.1992 (Niemietz), EuGRZ 1993, S. 65 = NJW 1993, S. 718, Ziff. 29; EGMR, Urt.v.16.2.2000 (Amann), HRLJ 21 (2001), S. 221, Ziff. 65; EGMR, Urt.v.4.5.2000 (Rotaru), HRLJ 21 (2000), S. 231, Ziff. 43.

40   유럽인권법원은 개인정보의 보호를 사생활과 개인의 은밀한 영역의
      보호로 보아 왔다.62) 동 법원은 전화통신의 감청과 관련하여 안전관청
      에 의한 정보의 수집을 유럽인권협약 제8조 제1항에 대한 침해라고 판
      단하였다.63)

41   기본권헌장 제8조는 개인정보의 보호를 명시적으로 규정하고 있다.
      유럽인권협약 제8조가 이러한 인권을 명시적으로 규정하고 있지 않기
      때문에, 유럽이사회64)의 정보보호조약 및 유럽연합차원에서의「유럽
      연합의 운영에 관한 조약」제16조와 정보보호지침이 그 밖의 법원(法
      源)으로 고려될 수 있다.65)

42   유럽사법재판소의 판례에서도 정보의 자기결정권은 사생활 보호의
      일부로서 인정되고 있는바, 동 법원은 그것을 특정되거나 특정될 수
      있는 모든 자연인에 대해서까지 확대하고 있다.66) 유럽사법재판소는
      정보보호를 다른 법익과 형량을 하고 있으며, 예컨대 언론의 자유와의
      관계에 있어서는 실천적 조화의 관점에서 균형을 꾀하고 있다.67)

---

62) EGMR, Urt.v.25.2.1997, Beschwerde Nr. 9/1996/627/811 (Z./Finland), Ziff.
    95, 동 판결의 내용은 유럽인권법원 홈페이지(www.coe.int) 참조; Urt.v.
    16.2.2000 (Amann), HRLJ 21 (2001), S. 221, Ziff. 65; vgl. *Uerpmann-Wittzack*,
    in: Ehlers (Hg.), Grundrechte, § 3, Rn. 3.
63) EGMR, Urt.v.29.9.2001, Beschwerde Nr. 44787/98 (P.G. and J.H. / United
    Kingdom), Slg. 2001-IX, Ziff. 57.
64) Vom 28.12.1981, BGBl. 1985 II, S. 539.
65) *Jarass*, EU-Grundrechte, § 13, Rn. 1.
66) EuGH, Rs. C-92/09 und C-95/09 (Volker und Markus Schecke GbR und
    Hartmut Eifert / Land Hessen), Rn. 52, EuGRZ 2010, 707 = EuZW 2010, 939
    = JZ 2011, 201 m.Anm. *Brink /H.A. Wolff*; dazu *Guckelberger*, EuZW 2011, 126.
67) EuGH, Rs. C- 73/07 (Tietosuojavaltuutettu/Satakunnan Markikinapörssi Oy
    u.a.), 정보지침에 관하여는 EuZW 2009, 108, Rn. 56.

침해는 일반적 원리에 따라 정당화되어야 하며, 따라서 법률의 근거를 **43**
필요로 한다. 침해의 근거가 되는 법률은 정당한 공익실현에 기여하
고, 비례의 원칙에 합당하여야 한다. 공공의 안녕 또는 질서의 보장은
공익에 적합한 목표라고 할 수 있다. 기본권 헌장 제8조 제2항 제1문의
규정은 정보는 신의성실의 원칙에 따라 처리되어야 한다는 것을 강조
하고, 따라서 추가적인 전제조건을 제시하고 있다. 동 규정은 정보처
리에 관하여 일반적으로 엄격한 기준이 제시되어야 한다는 것을 암시
하고 있다. 정보보호를 제한하는 역내국가의 규정은 적합성과 필요성
에 따른 엄격한 전제조건을 충족해야 한다.

유럽연합 회원국과 유럽연합 회원국이 아닌 제3국(Drittstaaten, 이하 비 **44**
회원국이라고 한다) 간의 정보보호 수준에는 현저한 차이가 있을 수 있
다. 따라서 위험방지나 형사소추를 위한 정보의 제공은 원칙적으로 정
보보호를 보장하는 비회원국과의 특별한 협약이 존재하는 경우에만
허용된다. 그러한 상호 간의 협약이 없다면 구체적인 경우에 있어서의
정보의 제공은 비회원국이 상당한 정보보호 수준을 보장하는 경우에
만 허용된다.

4. 안전과 역내시장(Binnenmarkt)

역내시장(域內市場, Binnenmarkt)이란 (유럽연합 회원국 간의) 물품, 사람, **45**
서비스, 자본의 자유로운 교역이 보장되는 국경이 없는 공간을 말한다
(「유럽연합의 운영에 관한 조약」 제26조).[68] 「유럽연합의 운영에 관한 조
약」상의 개별적 자유들은 역내시장을 구체화하고 특별한 규정을 통해

---

68) *Hatje*, in: Schwarze (Hg.), EGV/EUV, 2. Auflage 2009, Art. 14 , Rn. 1 ff.

그를 보호한다. 역내국가의 경찰- 질서법 관점에서는 무엇보다도 이와 같은 자유의 제한을 법적으로 어떻게 형성할 것인가에 관심이 모아진다. 그러나 안전의 보장이란 문제가 개별적으로 관련됨으로써 역내시장에 관한 규정이 경찰-질서법과도 관련되는 경우가 있는데, 이것은 통신자료의 예비적 저장의 사례를 통해 알 수 있다. 그럼에도 불구하고 역내시장에 있어서는 유럽연합 내에서의 자유의 보장이 핵심을 이루는데, 자유의 보장은 유럽연합과 시민들의 미래에 있어서는 미래의 불가결한 요소이다. 그러나 기본적인 자유가 역내국가의 위험방지와 범죄행위에 대한 예방, 그리고 형사소추를 제한하는 측면도 있다.

4.1. 기본적 자유

46   기본적 자유는 가입국의 공공의 안녕 또는 질서의 유보하에 놓인다 (「유럽연합의 운영에 관한 조약」 제36조, 제45조 제3항, 제52조 제1항, 제65조 제1항 b). 공공의 안녕과 질서의 유지 또는 그 밖의 법익의 보호가 때로는 자유의 제한을 정당화할 수 있다. 「유럽연합의 운영에 관한 조약」이 자유의 제한사유를 남김없이 열거하고 있는 것은 아니기 때문에 유럽사법재판소는 그의 판례에서 공익을 위하여 기본적 자유를 제한하는 것을 적합하다고 보았다[69]

47   조약에 열거되어 있는 제한이든 판례법에 따라 허용되는 제한이든, 그러한 제한이 유럽연합법에 부합하기 위해서는 엄격한 기준을 충족해야만 한다. 역내국가 내에서 행해지는 조치는 차별적인 성격을 띠어서는 안 되고, 공익을 위하여 불가피하다는 점에서 정당화되어야 한다. 또한 비례의 원칙, 즉 적합성 및 필요성의 원칙에 부합하여야 한다.[70]

---

69) *Streinz*, Europarecht, Rn. 699 ff. m.w.N.

이것은 모든 기본적 자유에 적용된다.[71] 회원국은 유럽연합법의 자유를 침해하는 조치를 취하는 경우, 그러한 침해가 설득력 있는 근거를 통해서 정당화되고 비례의 원칙에 부합하도록 국내법을 적용해야 한다.

사례   회원국이 환경보호를 이유로 빈 병의 회수와 관련된 특별한 시   **48**
스템을 도입하거나[72] 주류의 판매를 규제한다면,[73] 「유럽연합의 운영에
관한 조약」 제34조의 상품이동의 자유가 제한될 수 있다. 다른 유럽연합
회원국에서 일자리를 얻기 위하여 사표를 제출한 근로자가 사표제출에
근거한 해고로 인하여 퇴직금청구권을 상실하게 된다면, 「유럽연합의 운
영에 관한 조약」 제45조에 따른 근로자의 이동의 자유가 제한될 수 있
다.[74] 역내국가는 사회적으로 유해한 결과를 가져오는 로토(lotto)에 대
한 조치를 취할 수 있는바, 이 경우 「유럽연합의 운영에 관한 조약」 제56
조의 자유로운 서비스교역이 국경을 넘어서 행해지는 복권광고에 대한
금지를 통해서 제한될 수 있다.[75] 「유럽연합의 운영에 관한 조약」 제63조
에 따른 자유로운 자본교역 및 지급수단의 선택은 자금세탁 또는 테러의
방지를 위하여 제한될 수 있다.[76]

법익보호를 위한 조치, 따라서 공공의 안녕 또는 질서의 유지(를 위한   **49**
조치)가 유럽연합법에 근거하여 행해지는 경우에는 기본적 자유에 대
한 제한은 존재하지 않는다. 유럽사법재판소는 기본적 자유가 침해되
었다는 주장이 있는 경우에는 2차법적 규정이 존재하는지 여부, 즉 「유
럽연합의 운영에 관한 조약」과 같은 1차법에 근거하여 제정된 법이 존

---

70) EuGH, Rs. C-55/94 (Gebhard), Slg. 1994, I-4165, Rn. 37.

71) *Haratsch/Koenig/Pechstein*, Europarecht, 7. Auflage 2010, Rn. 777 f.

72) EuGH, Rs. 302/86 (Kommission/Dänemark), Slg. 1988, S. 4607.

73) EuGH, Rs. C-189/95 (Franzén), Slg. 1997, I-5909.

74) EuGH, Rs. C-190/98 (Graf), Slg. 2000, I-493.

75) EuGH, Rs. 275/92 (Schindler), Slg. 1994, I-1039.

76) EuGH, verb. Rs. C-358/93 und C-416/93 (Bordessa), Slg. 1995, I-361.

재하는지 여부를 우선적으로 조사한다.[77] 2차법적 규정은 일반적인 기본적 자유에 대한 특별법(lex specialis)이다. 「유럽연합의 운영에 관한 조약」 제288조를 근거로 하는 지침이나 명령은 기본적 자유가 행사되기 위한 유럽법적인 전제를 규정하고 있다. 이와 같은 규정은 개별 사물영역이 갖고 있는 특별한 사정을 고려하기 위하여 해당 영역에 고유한 특징을 가지고 있는 것이 보통이다.

50

사 례 네덜란드에서는 대마를 재배, 소유, 판매 및 수출하는 것이 법률에 의해 금지되어 있다. 그러나 판매는 특별한 전제조건 하에서 예외적으로 허용된다. 마스트리히트(Maastricht)시는 커피숍*의 소유자(J)에게 마약투어의 제한에 관한 결정, 즉 네덜란드에 살지 않는 사람들의 출입을 허용하는 것을 금지하는 결정을 내렸다. J는 "Easy Going"이라는 커피숍을 운영하고 있는데, 그가 반복적으로 네덜란드에 살지 않는 사람들을 출입시켰기 때문에 마스트리히트 시장은 J에게 잠정적인 폐쇄결정을 통보하였다. 이에 J는 관할 구법원(區法院, Bezirksgericht)에 소를 제기하였고, 관할법원은 마스트리히트시의 결정이 자유로운 상품교역 및 서비스제공 또는 국적을 이유로 한 차별금지와 관련 있는지 여부에 대하여 유럽사법재판소의 의견을 구하였다.

유럽사법재판소는 대마와 같은 마약은 그의 유해성이 인정되어 있기 때문에 역내시장에 관한 규율의 적용을 받지 않는다는 것을 확인하였다. 이에 반하여 무알콜성 음료나 음식과 관련 있는 경우에는 그러한 금지는

---

77) 유럽사법재판소는 물품의 자유로운 교역에 관한 전형적 사례에 있어 이미 그와 같이 판시한 바 있다. EuGH, Rs. 120/78 (Cassis de Dijon), Slg. 1979, S. 649, Rn. 8.

  * 역주: 네덜란드의 커피숍(Coffeeshop)은 관용정책에 따라 (일정 금액 이하까지는) 판매 소지가 허용된 소프트 드러그(soft drug)의 대마초를 포함한 제품을 개인의 사용(私用)을 위해 판매하는 소매점을 말한다. 우리나라식의 커피숍으로 이해하면, 이 문단의 내용을 이해하기 어려운 면이 있으니 주의하기 바란다.

서비스의 자유를 위반한다 (「유럽연합의 운영에 관한 조약」 제56조). 그러나 마약투어에 대한 대처 및 그와 관련하여 과해지는 부담은 그 목적이 정당하기 때문에 그러한 제한은 정당화될 수 있다. 그와 같은 금지는 또한 비례의 원칙에도 위반되지 않기 때문에 유럽사법재판소는 마스트리트시의 결정이 서비스 자유라는 측면에도 반하지 않는다고 보았다.

기본적 자유는 보호법적인 측면을 지닌다. 기본적 자유가 갖는 이러한 효력 때문에 회원국의 관청에게는 기본적 자유를 보호하기 위하여 개입하여야 할 의무가 인정될 수 있다.[78] 유럽연합법의 실현이 이것을 전제로 하기 때문에 역내국가 관청의 재량권은 영으로 수축될 수 있으며, 이처럼 재량권이 영으로 수축되는 경우에는 개입의무는 유럽연합법적으로 정당화된다.[79]   **51**

사례 도로점거가 국경을 통과하는 운송을 저해하는 경우에는 역내국가의 관청은 「유럽연합의 운영에 관한 조약」 제34조, 제36조에 따른 자유로운 물품교역의 보장을 위하여 도로점거에 대한 조치를 취할 의무를 질 수 있다.[80]   **52**

원칙적으로 회원국은 유럽연합법을 집행할 의무가 있으므로 이러한 결과는 유럽연합법이 정상적으로 기능하기 위한 일반적인 전제조건이다(본질적인 내용은 유럽연합조약 제4조 제3항 참조). 회원국의 관청은 공동체의 법익을 적정하게 보호할 의무를 가진다. 단지 회원국만이 이러한 보호를 실현할 수 있고 그를 위한 준비가 되어 있는 일반 경찰-질서관청을 활용할 수 있다. 직접적으로 적용될 수 있는 기본적 자유는 「유럽   **53**

---

78) Vgl. *Lindner*, JuS 2005, 302 (305 ff.).

79) *Schenke*, POR, Rn. 101.

80) EuGH, Rs. C-265/95 (Kommission/Frankreich), Slg. 1997, I-6959.

연합의 운영에 관한 조약」제288조에 따른 지침을 효과적으로 입법화
하는 경우에 있어서도 효력을 지닌다. 구체적인 경우에 있어서는 회원
국의 행정조직에 관한 규정들이 시장의 자유를 제한하는 것이 될 수
있다.

54   **사 례**   독일연방공화국은 1980년대에 건강상의 우려가 없음에도 불구
하고 다른 회원국으로부터의 조류수입을 체계적으로 통제하였다. 유럽사
법재판소는 이러한 통제는 허용되지 않는다고 판단하였고, 단지 행정처
리절차만 허용된다고 하였다[81] 유럽사법재판소의 판단에 근거하여 독일
은 행정처리절차의 수행을 수의사들에게 위임하였는데, 유럽사법재판소
는 이러한 조직적 조치가 「유럽연합의 운영에 관한 조약」제34조, 제36조
의 물품교역의 자유에 반한다고 보았다. 왜냐하면 그런 업무를 수행할 수
있는 수의사의 수가 제한되어 있음을 고려할 때, 이러한 조치는 (사실상)
사전에 수입신고를 할 것을 명하는 것이 되기 때문이다.[82]

55   유럽연합법의 기본적 자유는 역내국가의 기본권과 충돌할 수도 있
다.[83] 이러한 충돌의 문제는 비교형량을 통하여 해결해야 한다.[84] 유
럽사법재판소는 역내국가의 기본권이 (유럽연합법의 기본적 자유에 대하
여) 자동적으로 우선한다는 것을 인정하지 않는다.

56   **사 례**[85]   브렌너(Brenner)*가 화물운송용 도로로서 과도하게 이용되

---

81) EuGH, Rs. 190/87 (Oberkreisdirektor des Kreises Borken/Moormann), Slg.
    1988, S. 4689.

82) EuGH, Rs. C-186/88 (Kommission/Bundesrepublik Deutschland), Slg. 1989,
    S. 3997, Rn. 16; 유사한 다른 사례에 관하여는 EuGH, Rs. C-128/89
    (Kommission/Italien), Slg. 1990, S. 3239, Rn. 24를 보라.

83) *Skouris*, DÖV 2006, 89.

84) Vgl. *Lindner*, JuS 2005, 302 (307).

85) EuGH, Rs. C-112/00 (Schmidberger), Slg. 2003, I-5659; 이에 관하여는

는 것, 그리고 그로 인하여 환경부담이 발생하는 것에 대하여 오스트리아
에서 주민청원이 제기된다. 시민들은 브렌너 고속도로 위에서의 집회를
신고하였다. 30시간 동안 계속된 도로점거로 인하여 교통은 마비되었다.
독일의 운송업자가 도로점거로 인하여 자신이 입은 손해에 대한 배상을
관할 오스트리아 법원에 청구한다. 인스브루크 고등법원은 이러한 집회
를 허가하거나 저지하지 않은 것이 유럽공동체조약(EGV** 제28조, 현재
는 「유럽연합의 운영에 관한 조약」 제34조)의 물품교역의 자유와 상충되
는지 여부에 대한 판단을 행해 달라고 유럽공동체조약 제234조(현재는
「유럽연합의 운영에 관한 조약」 제267조)에 따라 유럽사법재판소에 이
송하였다.

유럽사법재판소는 물품교역의 자유에 대한 제한을 인정하였다(유럽
연합조약 제4조 제3항과 연계된 「유럽연합의 운영에 관한 조약」 제34
조). 이와 같은 제한을 가져온 제3자의 행동(Brenner 고속도로상에서의
집회)은 그의 집회의 자유를 통하여 보호된다. 구체적인 경우에 있어서는
기본권적인 보호가 유럽연합법상의 기본적 자유의 보장보다 중한 것이
다. 따라서 처음에 집회를 허가하고, 집회를 해산시키지 않았던 관할 오스
트리아 관청의 조치는 유럽연합법과 합치된다.

4.2. 유럽연합법상의 공공의 안녕과 공공의 질서

유럽연합법이 보장하는 법익을 보호하는 것은 위험방지작용의 일부 57
이다. 공공의 안녕을 독일식으로 이해하는 경우, 여기서의 공공의 안

Kadelbach/Petersen, EuGRZ 2003, 693.
 * 역주: Brenner는 독일-오스트리아-이탈리아로 이어지는 알프스 산위의 고속
   도로를 부르는 말이다.
** 역주: 유럽공동체조약으로 번역되는 EGV는 Vertrag zur Gründung der
   Europäischen Gemeinschaft의 약어인데, 이것이 2009년에 「유럽연합의 운영
   에 관한 조약」(Vertrag über die Arbeitsweise der Europäischen Union)으로 명
   칭이 변경된다.

녕에는 유럽연합의 법질서의 불가침도 포함된다.[86] 이에 대하여 공공
의 질서의 개념은 상이하다. 즉, 유럽연합법이나 유럽인권협약상의 공
공의 질서의 개념은 독일의 경찰-질서법상의 공공의 질서의 개념과는
다른 의미로 사용된다.*

58 유럽인권협약상의 인권의 침해를 정당화시키는 근거가 되는 공공의
질서의 개념은[87] 역내국가의 법과 관련하여 침해가 법률로 규정되어
있어야 할 것을 요구하고 있으며, 따라서 공공의 질서는 성문법을 전
제로 한다. 기본권의 범위와 그의 제한가능성을 규정하고 있는 기본권
헌장 제52조에는 공공의 질서의 개념은 등장하지 않는다.

59 「유럽연합의 운영에 관한 조약」에서 공공의 질서의 개념은 기본적 자
유를 제한하는 것을 정당화시키는 것과 관련하여 사용된다. 또한 역내
국가의 법규범, 즉 정당한 법익을 보호하는 성문법 역시 기본적 자유
의 제한을 야기한다. 「유럽연합의 운영에 관한 조약」 제36조에서는 공
공의 질서 외에도 공서양속(公序良俗, öffentliche Sittlichkeit)이 열거되고
있는데, 양자는 그 보호법익을 달리한다. 그에 따라 유럽사법재판소는
ㅡ동 재판소가 예외규정으로 엄격하게 해석하는[88]ㅡ 공공의 질서를

---

86) *Lindner*, JuS 2005, 302 (305).

* 역주: 독일의 경우 공공의 질서는 「그때그때의 지배적인 가치관에 따를 때
그것을 준수하는 것이 인간의 원만한 공동생활을 위한 불가결의 조건으로
간주되는 공중 속에서의 인간의 행위에 대한 '불문(不文)'규율의 총체」로
이해되고 있다. 그런데 이하에서 보듯이 유럽인권협약상의 공공의 질서는
'성문(成文)'의 규율을 전제로 하고 있는바, 본문은 이 점을 강조하여 독일식
의 공공의 질서의 개념과 유럽인권협약상의 공공의 질서의 개념이 다르다
는 것을 밝혀 놓고 있다.

87) Jeweiliger Absatz 2 der Art. 8 - 11 EMRK.

88) EuGH, Rs. 113/80 (Kommission/Irland), Slg. 1981, 1625, Rn. 7 f.

"국가의 본질적인 이익과 관련된 고권적으로 확인된 기본규율"로 이해한다.89)「유럽연합의 운영에 관한 조약」상의 공공의 질서는 역내국가의 법질서로 회귀할 수 있는바, 그것은 경찰법적 관념에서 유래한 것으로 보기보다는 국제사법이나 국제법상의 소위 "ordre public-유보(ordre public-Vorbehalten)"에서 유래한 것으로 보아야 한다.

┃참고┃ ordre public-유보(ordre public-Vorbehalt)

ordre public은 프랑스어로 독일어의 öffentliche Ordnung(공공의 질서)에 해당한다. 그런데 이처럼 ordre public을 막연히 단어 자체가 의미하는 '공공의 질서'에 해당하는 것으로만 생각해서는 "ordre public-유보"의 의미를 제대로 이해하기 어렵다. 이런 점을 고려하여 "ordre public-유보"에 관하여 간단히 소개하기로 한다.

1. 의 의
'ordre public'은 국제사법이나 국제공법에서는 자국(自國)의 기본적인 가치관을 의미하는 것으로 이해되고 있다. 그리고 이에 기초하여 "ordre public-유보"는 (특히 국제법의 영역에서는) 국제법상의 조약이 역내국가의 법원칙에 반하는 경우 국제기구의 중재판결이나 국제조약의 적용이 유보되는 것으로 이해되고 있다.

2. 유 형
ordre public-유보는 다음과 같이 2가지 형태로 나타난다. 즉,
(1) 충돌법에 있어서의 ordre public-유보는 외국법이 자국법의 본질적 원칙에 반하는 경우에는 예외적으로 외국법이 적용되지 않는다는 것을 의미한다. 독일의 경우 이것은「민법전 도입법률」제6조와 로마 국제명령 제21조에 규정되어 있다.

---

89) EuGH, Rs. 7/78 (Thompson), Slg. 1978, 2247, Rn. 32/34.

(2) 인정법에 있어서의 ordre public-유보는 외국의 판결을 인정하거나
집행하는 것이 자국법의 본질적 원칙에 반하는 경우에는, 예외적으
로 외국의 판결을 인정하거나 집행할 수 없다는 것을 내용으로 한다.
독일의 경우 이것은 무엇보다도 민사소송법 제328조 제1항 제4문
및 「민사-상사사건에 있어서 법원의 관할과 판결의 인정 및 집행에
관한 법규명령」(Verordnung über die gerichtliche Zuständigkeit und
die Anerkennung und Vollstreckung von Entscheidungen in Zivil- und
Handelssachen: EuGVVO) 제45조 제1항 a에 규정되어 있다. 그러나 후
자는 단지 절차법적인 ordre public 규정을 담고 있다.

60   공공의 질서에 관한 유럽사법재판소의 판례는 특히 회원국의 외국
(인)법에 따른 조치의 적법성과 관련된다.[90] 유럽사법재판소는 판례
에서 「역내 국가에서의 자유로운 이동(Freizügigkeit)에 관한 2004/
38/EG 지침」 제27조 이하*를 적용하였다.

61   유럽사법재판소의 판례에 따르면 공공의 질서, 공공의 안녕 및 건강이
라는 법익은 체류법(Aufenthaltsrecht)상의 조치를 정당화할 수 있다.[91]
회원국은 유럽연합시민에 대해서도 질서법적인 조치를 취할 수 있다.
따라서 프랑스의 행정청은 바스크 테러조직인 ETA**의 구성원으로

---

90) EuGH, Rs. C-215/03 (Oulane), Rn. 20, EuGRZ 2005, 135 = NJW 2005, 1033
    = DVBl. 2005, 495.
  * 역주: 「역내국가에서의 자유로운 이동에 관한 2004/38/EG 지침」은 유럽경
    제공동체 내에서의 개인의 자유를 규정하는 유럽공동체 지침으로, 동 지침
    제27조에서부터 제33조까지는 공공의 질서, 안녕, 건강을 이유로 하는 입국
    및 체류권한의 제한에 관한 규정을 담고 있다.
91) 이에 관하여는 Alber/Schneider, DÖV 2004, 314.
  ** 역주: ETA는 Euskadi Ta Askatasuna(바스크 조국과 자유)의 약어로, 바스크
     의 (스페인으로부터의) 분리독립을 주장하는 분리주의 단체이다. 한편
     ETA의 성격을 어떻게 규정지을 것인가는 바스크 분리주의를 바라보는 시
     각에 따라 다를 수 있는데, 원저자인 쿠겔만 교수는 본문에서 보듯이 이를

서 형법상의 범죄를 범했다는 이유로 유죄판결을 받은 스페인 국적소
지자에 대하여 체류법에 근거하여 장소적 제한을 가할 수 있다.[92]

그러나 개별적 심사가 필수적으로 요구된다. 공공의 질서를 위반했다　**62**
고 하기 위하여는 공공의 질서에 대한 현재의 위해를 야기하고 있는
당사자의 개인적 행동이 있을 것이 요구된다.[93] 공공의 질서에 위반하
였는지 여부를 판단하는 데 있어 추상적 고려나 일반예방적 고려 및
경제적 고려는 아무런 역할도 하지 못한다. 유럽연합시민의 관점에서
보면 이동의 자유에 대한 예외로서의 공공의 질서와 안녕의 개념은 좁
게 해석되어야 하는바, 이렇게 좁게 해석하는 것이 가족구성원에게도
유리하게 작용한다.

　　사 례　유럽사법재판소는 유럽연합시민의 추방과 관련하여 유죄판결　**63**
에 따른 필요적 추방(Ist-Ausweisung), 원칙적 추방(Regel-Ausweisung)을
인정하고 있는 독일의 시스템을 유럽연합법의 규정에 따라 판단하여, 이
러한 독일의 시스템이 유럽연합법의 규정과 부분적으로 부합하지 않는다
고 판시하였다.[94] 동 판결에 근거하여 (독일의) 연방행정재판소는 판례
를 명시적으로 변경하였다.[95] 유럽사법재판소는 비례의 원칙으로부터
범죄행위의 유형과 경중, 체류기간, 특히 가족상황과 같은 측면이 고려되
어야 한다는 결론을 내렸다.[96]
　　따라서 유럽연합시민에 대하여는 필요적 추방이나 원칙적 추방은 적

　　테러조직이라고 표현하고 있다.

92) EuGH, Rs. C-100/01 (Oteiza Olazabal), Slg. 2002, I-10981, Rn. 38 ff.

93) EuGH, Rs. C-348/96 (Calfa), Slg. 1999, I-11, Rn. 22–24.

94) EuGH, Rs. C-482/01 und 493/01 (Orfanopoulos und Oliveri), Slg. 2004,
　　I-5257, Rn. 70 und 93 f.

95) BVerwG, NVwZ 2005, 220 = DVBl. 2005, 122.

96) EuGH, Rs. C-482/01 und 493/01 (Orfanopoulos und Oliveri), Slg. 2004,
　　I-5257, Rn. 97 bis 99.

용될 수 없고, 단지 재량추방(Ermessensausweisung)만이 허용된다.[97] 한
편 유럽연합시민에 대한 추방처분의 적법성을 판단함에 있어서는 최종적
으로 행정청의 결정이 행해지는 시점이 아니라 법원에서의 구두변론종결
시점이 기준이 된다.[98] 이에 반하여 유럽연합시민이 아닌 제3국 국적자에
대한 추방처분과 관련하여서는 (독일의) 연방행정재판소는 기본적으로
이전까지의 판례의 입장을 그대로 따르고 있다.[99]

|참고| 독일의 외국(인)법상의 추방의 유형

이 문단 이하의 내용을 이해하기 위해서는 독일의 외국(인)법 제53조
이하에 규정되어 있는 추방의 유형에 대한 이해가 필요한데, 동법 제53조
이하는 추방의 유형을 필요적 추방(Ist-Ausweisung), 원칙적 추방(Regel-
Ausweisung) 및 재량추방(Ermessens-Ausweisung)의 셋으로 나누어 규정
하고 있다.

(1) 필요적 추방(Ist-Ausweisung)
필요적 추방이란 추방의 요건이 충족되면 외국인관청이 반드시 추방
을 명해야 하는 경우를 말한다.

(2) 원칙적 추방(Regel-Ausweisung)
원칙적 추방이란 추방의 요건이 갖추어진 경우에도 추방하지 않을 비
정형적인 예외적 사유(예컨대 가족상황, 미성년자, 질병 등)가 있는지 여
부에 대한 심사가 행하여져야 하는 경우를 말한다.

---

97) 외국인법 제53조 이하는 이러한 체계에 따르고 있는바, 이에 관하여는
   Huber, NVwZ 2005, 5.
98) BVerwG, NVwZ 2005, 220 = DVBl. 2005, 122.
99) BVerwG, DVBl. 2005, 128.

(3) 재량추방(Ermessens-Ausweisung)

추방을 할 것인지 여부가 외국인관청의 재량에 맡겨져 있는 경우를 말
하는바, 이 경우 추방할 것인지의 여부를 판단함에 있어서는 광범위한 이
익형량이 행하여져야 한다.

일반 경찰-질서법에 따른 법적용이 유럽연합법의 적용범위 내에서 이   **64**
루어진다고 하면 유럽법에서의 공공의 안녕과 질서에 관한 일반원칙
은 독일 경찰법상의 (공공의 안녕과 질서에 대한) 개념을 통하여 조정되
어야 한다. 독일의 질서법과 유럽연합법은 특히 경제법적 상황에 있어
서는 상호 접점을 찾을 수 있다.

사 례   레이저드롬(Laserdrome)에서 2개팀이 레이저 무기로 상대팀   **65**
선수의 옷에 있는 점을 맞추면 점수를 얻는 게임을 한다. 게임에 참가한 선
수는 가상주로를 달려서 상대팀 선수를 맞추려고 한다. 본(Bonn)에 있는
레이저드롬은 영국에 본부를 두고 있는 기업과 프랜차이즈 계약을 체결
하여 운영되고 있다. 레이저드롬에서 그런 게임을 하는 것이 인권에 반한
다는 것을 이유로 (독일의) 관할 질서관청은 노르트라인-베스트팔렌주
질서관청법 제14조의 개괄적 수권조항에 근거하여 그에 대한 금지명령을
발한다. 이에 레이저드롬의 경영주는 해당 금지처분이 유럽경제공동체협
약 제49조(현재의 「유럽연합의 운영에 관한 조약」 제56조)의 서비스의
자유에 반한다는 것을 이유로 들어 금지처분에 대해 이의를 제기한다. 연
방행정재판소는 금지처분이 적법하다는 견해를 갖고 있지만, 유럽사법재
판소에 해당 사례에 대한 (사전)결정을 구한다(유럽경제공동체조약 제
234조/「유럽연합의 운영에 관한 조약」 제267조).[100] 유럽사법재판소는
동 금지처분이 자유로운 서비스를 제한하는 것이기는 하지만, 유럽경제
공동체법 제46조와 연계되어 있는 제55조(현재는 「유럽연합의 운영에
관한 조약」 제52조에 근거한 제62조)에 따라 공공의 질서의 보호를 이유

---

100) BVerwGE 115, 189.

로 정당화될 수 있다고 결정하였다.[101] 인권의 보장 또한 공공의 질서에
포함된다. 공공의 질서는 회원국의 관청이 결정하는 것이지만, 그것은 다
른 회원국에서의 이해와는 다를 수 있다. 이 사건에서의 금지처분은 비례
의 원칙에 따른 적합한 조치였다.

66   유럽연합법과 유럽인권협약상의 공공의 질서는 법질서의 보호를 포
함한다. 따라서 그의 보호법익은 독일 경찰법상의 공공의 안녕의 개념
의 보호법익에 상응한다. 즉, 불문규범이 중요한 것이 아니라 성문법
의 불가침성(Integrität)이 중요하다. 유럽법에서 공공의 질서는 유럽적
도덕을 관철시키는 것을 그 기능으로 하는 것이 아니라, 법질서를 유
지하는 것을 그 기능으로 한다.

4.3. 통신자료의 예비적 저장에 관한 지침

67   유럽연합은 「통신자료의 예비적 저장에 관한 지침」(Richtlinie über die
Vorratsspeicherung von Daten)*을 의결하였는바,[102] 동 지침은 독일 연
방헌법재판소에 의해 무효로 확인된 독일법 규정을 제정하는 동인(動
因)이 되었다.[103] 동 지침은 법정책적으로 보았을 때 안전과 관련된 유

---

101) EuGH, Rs. C-36/02 (OMEGA/Bonn), Slg. 2004, I-9609. 이에 관하여는
   Frenz, NVwZ 2005, 48; 또한 *Beaucamp*, DVBl. 2005, 1174; *Lindner*, JuS 2005,
   302 (307)을 보라.

  * 역주: 통신자료의 예비적 저장 및 그에 관한 유럽연합의 지침에 관하여 자세
   한 것은 쿠겔만의 독일경찰법, 서정범/박병욱 공역, 2015, 세창출판사, 284
   쪽 이하 참조.

102) 공적으로 접근가능한 전자적 통신업무 또는 공적 통신망을 준비하는 경우
   에 만들어지고 처리되는 자료의 예비적 저장에 관한 2006년 3월 15일의 유
   럽의회와 이사회의 지침 2006/24/EG. 한편 동 지침의 개정에 관하여는
   2002/58/EG, ABl. L 105 vom 13.4.2006, S. 54.

103) BVerfG, Urt.v.2.3.2010, NJW 2010, 833 = DVBl. 2010, 503 = JZ 2010, 611.

럽법 (제정) 프로젝트 중에서 가장 논란이 많고 광범위한 영역에 걸친 프로젝트 중의 하나였는바, 동 지침의 목적은 서비스 제공자가 부담해야 할 의무와 네트워크 운영자가 부담해야 할 의무의 조화지점을 찾는 것이었다. 따라서 동 지침은 역내시장(域內市場)을 진흥시키기 위한 권한에 근거를 두고 있다(「유럽연합의 운영에 관한 조약」 제114조).

「통신자료의 예비적 저장에 관한 지침」의 핵심적 목표는 역내시장의 진흥이다. 그로 인하여 역내시장에 관한 규정이 많은 영역에 영향을 줄 수도 있다. 경찰-질서법의 영역 또한 이로부터 배제되지 않는다. 예외적으로 유럽연합이 제정하는 법이 역내시장의 지원을 위하여 자유를 제한하는 것을 내용으로 할 수도 있는바, 이러한 법의 타당성은 유럽기본권에 비추어 판단하여야 한다. 「통신자료의 예비적 저장에 관한 지침」의 중점은 경찰협력에 있는 것이 아니라, 유럽연합 회원국이 동 지침에 맞게 법을 정비하도록 하여 회원국들의 법규정을 통일시키는 것에 있다. 이로 인하여 서비스 제공자와 네트워크 운영자의 법적 지위가 영향을 받게 된다. 이와 같은 경제적인 접합점은 역내시장과 밀접한 관련이 있다. 「유럽연합의 운영에 관한 조약」 제114조의 관할 규정을 적용하게 되면, 「유럽연합의 운영에 관한 조약」 제294조의 ― 유럽의회가 광범위한 공동결정권을 가지고 있는― 입법절차가 수행되는 결과를 낳게 된다.

68

유럽사법재판소는 규범정립권한과 관련하여 「통신자료의 예비적 저장에 관한 지침」이 "유럽공동체조약 제95조(현행 「유럽연합의 운영에 관한 조약」 제114조)를 법적 근거로 하여 제정되었고, 따라서 입법관할에 맞게 제정되었다"고 판시하였다.[104] 동 지침은 서비스 제공자에 대한

69

요구조건을 규정하는 것을 그 핵심적 내용으로 하는바, 그로 인하여 서비스제공자의 국경을 초월한 경제적 활동이 용이하게 된다. 동 지침이 (유럽)기본권과 부합하는지에 대하여 유럽사법재판소는 아직까지 입장을 표명하지 않았고, 이것이 선결문제가 된 사건이 아일랜드 고등법원에 의해 이송되어 현재 유럽사법재판소에 계속(繫屬)되어 있다.

70 유럽연합 회원국들은 「통신자료의 예비적 저장에 관한 지침」에 근거하여 서비스제공자에 의해 연결자료가 저장되어야 한다는 것을 법률로 규정하여야만 한다(제2조). 따라서 통신자료의 예비적 저장의 대상은 내역자료(內譯資料, Inhaltsdaten, 제2조 제2호)가 아니다. 저장되어야 할 자료의 목록은 연결전화번호, 이용자의 성명과 주소 또는 인터넷 이용자의 ID(Benutzerkennung, Login Name)와 같은 연결자료이다. 통화 연결이 되지 않은 전화시도와 관련된 자료 또한 그것이 서비스 제공자에게 포착되는 한 저장되어야 한다(제3조 제2호).

71 「통신자료의 예비적 저장에 관한 지침」은 자료의 저장기한을 규정하고 있는데, 그에 따르면 통신자료는 통신시점 이후 최소한 6개월의 기간동안 저장되어야 하고, 2년 이상 저장되어서는 안 된다.[105]

72 「통신자료의 예비적 저장에 관한 지침」은 서비스 제공자에 대한 손실보상과 관련된 그 밖에 쟁점에 대해서는 명확한 규정을 하지 않았다. 통신자료의 예비적 저장은 서비스 제공자와 (네트워크) 운영자에게 비용을 야기하는바, 사기업이 자료의 저장 의무를 거부할 수 있는 근거를 여기에서 찾을 수 있다. 만약 사기업에게 그러한 의무가 부과된다

2009, I-593; 이에 관하여는 *Terhechte*, EuZW 2009, 199; *Simitis*, NJW 2009, 1782.

105) 동 지침 제6조.

면, 사기업은 그러한 의무의 이행을 위해 드는 비용을 가능한 감소시
키기 위해 노력하게 된다. 서비스 제공자의 입장에서 바라보면, 그러
한 의무이행을 위해 지출된 비용은 관련자료를 요청하는 국가기관이
부담하는 것이 마땅하다. 한편 이러한 서비스제공자의 입장에 대하여
는 "그러한 의무는 공공의 안전을 유지할 의무와 관련 있으며, 그것은
국가에 대한 시민의 일반적 의무로서 시민의 비용부담하에 수행되어
야 한다"라는 반론이 행해지기도 한다. 그러나 이와 같은 반론은 설득
력이 없다. 국가가 시민에게 의무수행에 있어 비용이 발생하는 특별한
의무를 부과한다면, 손실보상이 지급되어야 하는 것이 원칙이다. 독일
법에는 이러한 손실보상규정이 마련되어 있다.

「통신자료의 예비적 저장에 관한 지침」은 개정을 앞두고 있다. 그러나　**73**
유럽사법재판소가 2010년에도 오스트리아가 동 지침에 따라 국내법
을 제정하지 않은 것에 대하여 판결을 통하여 문제점을 지적한 바 있
으므로,[106) 일단 현행 지침에 따라 (독일내에서) 법을 제정하여야 한다.
그러나 많은 유럽의 헌법재판소들은 다양한 사정을 들어 동 지침에 따
라 관련 국내법을 제정하여야 한다는 것에 대하여 의문을 제기하거나
심지어 (유럽연합지침에 따라 제정된) 역내국가의 법을 헌법에 위반된다
고 판단하기도 하였다.[107)

4.4. 이동의 자유와 유럽연합시민권

역내시장에서의 기본적 자유는 국경을 초월하여 경제적으로 활동할　**74**

---

106) EuGH, Urt.v. 29.7.2010, Rs. C-189/09, CR 2010, 587.

107) 루마니아와 사이프러스 헌법재판소는 동 지침에 따른 국내법 제정과 그
　　의 합헌성에 대하여 상이한 입장을 표명하였다. 한편 아일랜드 고등법원은
　　유럽사법재판소에 당해 사안을 이송하여 사전결정을 해 줄 것을 요청한 바
　　있다.

유럽연합시민의 자유를 포함한다. 경제적 이동성에 대한 개인적 권리 및 그와 관련된 부수적 권리는 유럽연합시민(권)과 밀접한 관련이 있다 (「유럽연합의 운영에 관한 조약」 제20조).[108] 모든 유럽연합시민은 유럽연합 회원국의 고권영역 내에서 자유롭게 이동하고 체류할 권리를 가진다(「유럽연합의 운영에 관한 조약」 제21조). 기본권헌장 제45조의 보장은 이와 같은 보장의 기본권적 성격을 확인한다. 한편 자유로운 이동은 유럽연합법상의 공공의 안녕과 질서의 유지를 근거로 제한될 수 있다. 이것은 유럽연합의 난민정책과 망명정책 또는 국경정책에 대하여 중요한 의미를 가지며, 따라서 유럽의 국내정책에 대해서도 의미를 가지게 된다.

75   경찰-질서법 영역에서의 조치는 위험이 존재한다는 사실에 기초하여 행해지는 것이지 책임자의 국적에 따라 행해지는 것이 아니다. 따라서 국적을 근거로 한 차별은 금지된다(「유럽연합의 운영에 관한 조약」 제18조). 그러나 체류법(Aufenthaltsgesetz)에 따른 외국인법상의 조치는 국적과 관련되어 있다.[109] 그와 같은 (외국인법상의) 조치를 발함에 있어서는 유럽연합 회원국이 아닌 국가의 국적자와 유럽연합시민은 구별되어야 한다. 유럽연합시민권은 자격이 있는 사람에게 (외국인법상의) 우선적 법적 지위를 부여한다.[110] 기본권헌장 제45조에 따라 유럽연

---

108) *Giegerich*, in: Schulze/Zuleeg/Kadelbach, Europarecht, § 9; *Kadelbach*, in: v. Bogdandy (Hg.), Europäisches Verfassungsrecht, 2. Aufl. 2009, S. 539; 단행본 으로는 *Schönberger*, Unionsbürger, 2005.

109) 2004년 6월 30일의 「유럽연합시민과 외국인의 이주의 조정과 제한, 체류 와 통합의 규율에 관한 법률」(Gesetz zur Steuerung und Begrenzung der Zuwanderung und zur Regelung des Aufenthalts und der Integration von Unionsbürgern und Ausländern), BGBl. 2004 I, S. 1950. 이에 관하여는 *Huber*, NVwZ 2005, 1; *Renner*, ZAR 2004, 266,

110) *Kugelmann*, in: Schulze/Zuleeg/Kadelbach, Europarecht, § 41 Rn. 65 ff.

합시민은 이동의 자유를 아무런 유보 없이 누리는 것에 반하여, 유럽
연합 회원국이 아닌 국가의 국적자는 조약이 정하는 기준에 따라 이동
의 자유를 누리게 된다.[111]

유럽연합 회원국의 국적을 소지한 자가 유럽연합시민이 된다(「유럽연 **76**
합의 운영에 관한 조약」 제20조 제1항 제2문). 독일에 주소를 두고 있는 유
럽연합시민에 대해서는 「유럽연합시민의 일반적인 이동의 자유에 관
한 법률」(FreizügG/EU)이 적용된다.[112]

유럽사법재판소는 그의 일련의 판결에서 유럽연합시민권의 가치를 **77**
높게 인정하였으며, 그 적용범위 또한 넓게 이해하고 있다.[113] 동 재판
소는 유럽연합시민의 권리를 개별적 사회권에까지 확장하였고, 유럽
연합 회원국이 아닌 국가의 국적을 보유하고 있지만 유럽연합시민의
가족인 경우에는 그 또한 보장범위에 포함시키고 있다.[114] 사회적 권
리의 명시적 보장은 기본권헌장 제34조 및 제35조와 함께 일정한 역할
을 할 수 있기 때문에 유럽사법재판소가 기본권헌장 제45조를 판례에
서 어떻게 해석할지는 일단 기다려 보아야 한다.

| 참고 | 유럽기본권헌장 제34조, 제35조, 제45조

　　Rn.77의 내용을 이해하기 위하여서는 유럽기본권헌장 제34조, 제35조,
제45조의 내용에 대한 이해가 선행되어야 하는 면이 있으므로, 이하에서
이들 조문의 내용을 밝혀 놓기로 한다.

---

111) *Bieber/Epiney/Haag*, EU § 2. Rn. 23.
112) BGBl. I 2004, S. 1950; *Huber*, NVwZ 2005, 9.
113) Vgl. *Hailbronner*, JZ 2010, 398.
114) Z.B. EuGH,. C-1/05 (Jia), Slg, 2007, I-1.

제34조: 사회보장과 공공부조(Social security and social assistance)

1. 유럽연합은 임신, 출산, 질병, 산업재해, 간병 또는 노화 및 실직의 경우에 대한 보호를 보장하기 위하여 유럽연합법과 국내법 및 관습이 정하는 바에 따라 사회보장급부 및 사회적 서비스에 접근할 권리를 인정하고 존중한다.

2. 유럽연합 내에 합법적으로 거주하고 이동하는 모든 사람은 유럽연합법과 국내법 및 관습에 따라 사회보장급부와 사회적 혜택에 대한 권리가 있다.

3. 사회적 소외와 빈곤을 퇴치하기 위하여 유럽연합은 유럽연합법과 국내법 및 관습에 따라 충분한 생활수단을 갖지 못한 모든 사람에게 인간다운 생활을 보장하기 위한 공공부조 및 주거를 지원받을 권리를 인정하고 존중한다.

제35조: 건강보호(Healthcare)

모든 사람은 국내법 및 관행이 정하는 바에 따라 예방의료를 이용하고 치료를 받을 권리를 가진다. 유럽연합의 모든 정책과 조치를 확정하고 집행함에 있어서 높은 수준의 건강보호가 확보되어야 한다.

제45조: 거주이전의 자유(Freedom of movement and of residence)

1. 유럽연합의 모든 시민은 회원국의 영역 내에서 자유롭게 이동하고 거주할 권리가 있다.

2. 이동과 거주의 자유는 제 조약에 따라 합법적으로 회원국의 영역에 거주하는 제3국의 국민에게도 보장된다.

78   유럽연합시민권은 능동적 시민권(Aktivbürgerschaft)*의 지위를 보장하

---

* 역주: 독일의 국법학자 옐리네크(Georog Jellinek)에 따르면 기본권은 자유권, 수익권, 참정권의 의 셋으로 분류될 수 있는바, 본문에서 말하는 능동적 시민권은 (옐리네크의 분류에 따를 때) 참정권을 말한다. 국회의원이나 대통령의 선거권 등이 참정권의 예가 된다.

는 바, 이로부터 유럽연합시민의 주관적 권리가 도출된다.[115] 「유럽연합의 운영에 관한 조약」 제21조의 규정은 직접적으로 적용될 수 있다.[116] 유럽연합시민권과 결부되는 이러한 권리는 역내국가의 외국인법에 있어서 주목할 만한 결과를 가져오는바, 공공의 안녕 또는 질서를 이유로 유럽연합시민을 추방하는 것은 유럽연합법의 보장과 충돌할 수 있다는 것이 그것이다. 독일의 외국인법에 따른 일련의 평가가 충분히 고려되어야만 한다.[117] 유럽사법재판소는 Orfanopoulos 사건과 Oliveri 사건에서 추방에 관한 독일 규정을 기본적 자유에 따라, 그리고 부분적으로는 「유럽연합의 운영에 관한 조약」 제21조에 따라[118] 판단하였다.

┃참고┃ 오르파노폴로스(Orfanopoulos) 사건과 올리베리(Oliveri) 사건

1. 독일의 외국인법제

Orfanopoulos 사건과 Oliveri 사건의 쟁점을 이해하기 위하여는 추방과 관련된 독일의 법제를 알아둘 필요가 있다고 생각되어, 먼저 추방에 관한 독일의 외국인법 과 체류법의 내용을 소개하기로 한다. 이하의 내용에 관하여는 (https://dejure.org/dienste/vernetzung/rechtsprechung?Text=C-482/01https://dejure.org/dienste/vernetzung/rechtsprechung?Text=C-482/01) 참조.

(1) 외국인법(Ausändergesetz) ― 추방에 관한 2개의 축

독일의 외국인법 제47조는 외국인이 마약류관리법 위반 또는 공공의

---

115) EuGH, Rs. C-413/99 (U. Baumbast und R), Slg. 2002, I-7091, Rn. 82.
116) EuGH, Rs. C-200/02 (Zhu und Chen), Slg. 2004, I-9925, Rn. 26; 이 문제에 관한 견해의 대립에 관하여는 *Kadelbach*, in: v.Bogdandy (Hg.), Europäisches Verfassungsrecht, 2009, S. 625.
117) *Alber/Schneider*, DÖV 2004, 313, 317 f.
118) EuGH, Rs. C-482/01 und 493/01 (Orfanopoulos und Oliveri), Slg. 2004, I-5257.

안녕과 관련된 법의 위반으로 집행유예 없이 2년 이상의 형의 선고를 받는 경우 추방될 수 있다고 규정하고 있다(제1항과 2항).

그러나 동법 제48조는 독일국적자와 가족관계를 가지며 독일 내에 체류하는 외국인은 공공의 안녕이나 공공 정책과 관련된 중대한 사유를 근거로 하여서만 추방될 수 있을 뿐이라고 하여(제1항 및 제4항) 그러한 외국인에 대하여 특별한 법적 보호를 규정하고 있다. 이러한 특별보호규정은 강제적 추방(mandatory expulsion)으로부터 이러한 외국인을 보호해주는 역할을 한다. 다만 동법 제48조 제1항에 따른 그와 같은 특별한 보호의 효과는 추방을 전적으로 배제하는 것이 아니라 강제적 추방을 일반원칙에 따른 추방(expulsion as a general rule)으로 감경시키는 것을 의미할 뿐이라는 것을 유의하여야 한다(제47조 제3항 참조).

(2) 체류법(Aufenhaltsgesetz)

전술한 외국인법 제47조와 제48조에 따른 독일에서의 외국인추방에 관한 구조는 독일 외국인법상의 근본적인 두 개의 축이라 할 수 있는데, 이러한 구조는 체류법에 의해 완성된다. 동법은 유럽공동체 국적자에 대한 추방이나 이송은 개인의 행위가 공공의 안녕, 공중보건, 공공정책에 심각한 관련성이 있는 경우만 허용될 수 있다고 규정하고 있다.

2. Orfanopoulos 사건

체류법상의 지위와 관련하여 이미 여러 차례에 걸쳐 경고를 받았던 그리스 국적의 Orfanopoulos에 대하여 주정부는 유럽연합 국적자인 Orfanopoulos에 대하여 체류법상의 특별규정을 고려하지 않고 바로 외국인법에 따른 일반적인 원칙을 적용하였다. 이와 같은 원칙 아래 주정부는 Orfanopoulos의 개인적인 상황을 고려해보아도 그가 독일에 정주하면서 얻게 될 이익보다 독일의 공공의 안녕이나 공공의 정책이 훨씬 중한 가치를 가진다고 보아 추방결정을 하였다. 이에 Orfanopoulos는 외국인법 규정에 근거한 이와 같은 주정부의 결정이 유럽연합법과 부합하지 않는다는 것을 이유로 슈투트가르트 행정법원에 소를 제기하였던 바, 이를 Orfanopoulos 사건이라고 한다.

3. Oliveri 사건

이탈리아 국적자로서 특별한 학력이 없고 절도 및 마약판매로 실형을 받고, 마약중독, HIV 및 hepatitis C 보유자인 1977년생 Oliveri에 대한 추방결정이 문제된 Oliveri 사건 또한 Orfanopoulos 사례와 유사하다. Oliveri 사건과 관련하여 슈투트가르트 행정법원은 유럽사법재판소에 사전결정을 구하였는데 그 내용은 다음과 같다. 즉, a) 유럽법이 ―집행유예 없이 실형을 선고받은― 다른 유럽연합 회원국 국적자의 강제적 추방에 대한 근거가 되는 국내법 규정을 배제하는 효과를 가지는지 여부, b) 행정관청의 결정에 수반한 내용들이 국내법원에서 고려되어야 하는지 여부, c) 행정적인 추방결정의 심사에 대하여 재심절차가 없는 것이 유럽연합법에 부합하는지 여부

유럽사법재판소는 그의 판결에서 「자유로운 이동에 관한 지침」 2004/38/EG의 규정을 고려하고 있다.[119] 따라서 유럽사법재판소는 유럽연합시민권으로부터 도출되는 체류권과 의료보험 및 (충분한) 최소한의 생계수단의 보유 사이에 관련성을 도출하였다.[120] 유럽사법재판소는 「유럽연합의 운영에 관한 조약」 제21조를 주관적 법적 지위를 인정하기 위한 출발점으로 받아들이고 있으며, 그 내용에 관하여는 2차법의 규정을 기준으로 삼고 있다.

79

사 례 중국국적 보유자인 첸(Chen)은 아일랜드에서 아이를 출산하기 위하여 영국에서 아일랜드로 여행을 했는데, 이는 아이가 아일랜드에서 태어나면 아일랜드 국적을 취득할 수 있기 때문이었다. 그녀는 영국으로 돌아온 후에 그녀와 그녀의 딸 캐서린(Catherine)을 위하여 영국에서의

80

---

119) 여기서 「자유로운 이동에 관한 지침」이란 유럽연합의 시민과 그의 가족이 유럽연합 회원국의 고권(高權)이 미치는 영역에서 자유로이 이동하고 체류할 수 있는 권리에 관한 유럽연합의회와 이사회의 2004년 4월 29일의 지침 2004/38EG를 말한다.

120) EuGH, Rs. C-200/02, (Zhu und Chen), Slg. 2004, I-9925, Rn. 27.

체류허가를 신청하였다. 유럽연합시민이라도 어린아이는 (자립, 비자립을 막론하고) 영리활동에 근거하여서는 어떠한 이동의 자유권도 유효하게 행사할 수 없음이 당연하기 때문에, 이 경우에 체류권의 근거로서는 90/364/EWG 지침 제1조 제1항과 연계된 유럽연합시민권이 고려의 대상이 된다.[121] 유럽사법재판소의 견해에 따르면 캐서린은 2차법의 전제조건을 충족할 뿐만 아니라 의료보험과 같은 충분한 생계보장을 증명할 수 있기 때문에 EG 제18조를 근거로 영국에서의 체류권을 가지게 된다. 유럽연합 회원국의 국적의 취득은 역내국가의 국내법으로 규율되기 때문에, (원정출산이라는 편법적 방법으로) 유럽연합시민권을 취득하는 것이 그에 배치되는 것은 아니다. 이것이 유럽연합법과 합치된다면 유럽연합법을 끌어들이는 것이 유럽연합법상의 권리를 인정하는 것을 방해하는 것은 아니다. 첸은 사실상 캐서린을 보호해야 하는 사람이고 그녀의 체류권을 거부하는 것은 유럽연합시민(즉, 캐서린)의 체류권의 실질적 효력을 빼앗는 것과 마찬가지이므로 첸에게는 동일한 법적 근거에 기하여 체류권이 인정된다.[122]

81   「유럽연합의 운영에 관한 조약」 제20조 이하에 따른 유럽연합시민권은 경찰-질서법을 근거로 한 조치에 대항할 적극적인 개인적 지위를 보장한다. 이와 같은 지위는 기본권적으로 보장되어 있다(기본권헌장 제45조). 유럽연합시민권의 적용범위의 확대를 지향하는 유럽사법재판소의 역동적 판례를 고려할 때, 유럽연합시민의 이동의 자유에 영향력을 미칠 수 있는 역내국가의 규정들은 유럽연합법을 기준으로 삼아 엄격하고 주의깊게 판단되어야 한다.

---

121) 체류권에 관한 1990년 6월 28일의 지침 90/364/EWG(ABl. L 180, S. 26)은 「자유로운 이동에 관한 지침」 2004/38/EG 제38조 제2항에 따라 폐지되었다.

122) EuGH, Rs. C-200/02 (Zhu und Chen), Slg. 2004, I-9925, Rn. 45.

5. ―유럽에서의 경찰협력 이외의― 자유, 안전 및 사법지대

경찰-질서법과 관련된 유럽연합의 법제정행위와 그 밖의 조치를 위한   82
연결지점은 특별히「자유, 안전 및 사법지대」를 창조하는 것이다(「유
럽연합의 운영에 관한 조약」 제67조 이하). 여기에 유럽의 내무정책적 관
점에 대한 출발점이 있다.[123] 그러한 조치의 중점은 리스본조약 이전
에는 이민법과 망명법에 놓여 있었다.[124]

「자유, 안전 및 사법지대」는 그의 규정내용과 관련된 리스본조약을   83
통해서 확대되었다. 형사법영역에서의 경찰협력과 사법협력은「유럽
연합의 운영에 관한 조약」과 초국가적인 유럽연합법에 도입되어 있다.
예전에 유럽연합의 세 번째 기둥에 있던 규정들은「유럽연합의 운영에
관한 조약」 제5편의 구성요소를 이루고 있다. 그것은 시스템적으로 국
경통제, 망명 및 이민 정책, 민사영역에서의 사법협력을 위한 규정과
관련되어 있다.

정보의 수집, 처리를 위한 법적 근거와 회원국 간의 협력이 그의 규율   84
대상이다. 경찰법상의 권한행사가 다른 유럽연합 회원국의 관청이 수
집한 정보를 근거로 할 수 있다. 따라서 정보보호와 기본권에 관한 기
본원칙이 전체적으로 준수되어야 한다.[125]

---

123) 유럽의 내무정책을 위한 사명에 관하여는 *Pitschas*, DÖV 2004, 231 (233).

124) 이에 관하여는 *Kugelmann*, in: Schulze/Zuleeg/Kadelbach, Europarecht, §
41; 또한 *Kluth*, ZAR 2006, 1을 보라.

125) *Brummund*, Kohärenter Grundrechtsschutz im Raum der Freiheit, der
Sicherheit und des Rechts, 2010.

85   사법 및 내무정책에 대한 프로그램이 유럽연합의 활동에 대한 정책적
근거가 된다. 1999년의 탐페레 프로그램(Tampere Programm)을 2004년
의 헤이그 프로그램(das Haager Programm)이 계승하였으며,[126] 헤이그
프로그램은 2009년의 스톡홀름 프로그램(das Stockholmer Programm)으
로 대체되었다.[127] 이러한 "사법 및 국내영역에서의 유럽연합 5개년
계획"은 향후의 도전으로 무엇보다 테러리즘, 사이버 범죄, 이민 및 망
명정책, 그리고 이에 더하여 민법상의 문제를 열거하고 있다. 사법 및
국내정책의 목표로는 특히 유럽연합법과 기본권의 증진, 정보보호 그
리고 사법에의 접근을 용이하게 하는 것 및 유럽연합 회원국이 발급하
는 제반 증명서의 효력 인정들을 들 수 있다.[128]

|참고| 탐페레 프로그램에서 스톡홀롬 프로그램까지

Rn.85의 문단의 내용을 이해하기 위하여는 탐페레 프로그램, 헤이그
프로그램 및 스톡홀름 프로그램에 관한 이해가 요구된다. 탐페레 프로그
램에서 스톡홀롬 프로그램까지의 일련의 전개과정에 관하여 자세한 것은
vgl. Schäpfer, Vom Tampere über das Haager zum Stockholmer Programm,
2009.

1. 탐페레 프로그램

탐페레(Tampere)는 유럽연합이 사법과 국내정책에 관한 일련의 중요
한 결정을 행했던 핀란드의 도시이다. 1999년 10월 유럽연합 회원국 중 15

---

126) 2004년 11월 4일과 5일에 걸쳐 브뤼셀에서 열렸던 유럽연합이사회의 결
정에 관하여는 Bulletin der Europäischen Union 11/2004, S. 9를 보라.

127) Stockholmer Programm: "Ein offenes und sicheres Europa im Dienste und
zum Schutz der Bürger," Europäischer Rat von Stockholm vom 10./11.
Dezember 2009 (17024/09).

128) Stockholmer Programm vom 10./11. Dezember 2009 (17024/09) S. 3-5.

개국의 정상이 이곳에 모여 유럽연합의 사법과 국내정책에 관한 시발점을 이루는 5개년 계획안을 마련하는바, 이를 탐페레 프로그램이라고 한다. 탐페레 프로그램은 특히 유럽연합의 망명정책에 관한 규율을 그 주된 내용으로 하는바, 이에 관하여 자세한 것은 http://www.europarl.europa. eu/brussels/website/content/modul_05/zusatzthemen _13.html 참조.

2. 헤이그 프로그램

한편 2004년에는 탐페레 프로그램(Tampere Programm)을 이어받은 「유럽연합의 자유, 안전 및 사법의 강화를 위한 헤이그 프로그램」(약칭 헤이그 프로그램)이 유럽의사회에서 받아들여졌다. 헤이그 프로그램은 권리 일반, 이민, 범죄와 테러에 대한 대처 등의 영역에서 유럽연합의 공동정책을 위한 지침으로 2005년부터 2010년까지 유지되었는바, 이에 관하여 자세한 것은 https://de.wikipedia.org/wiki/Haager_Programm 참조.

3. 스톡홀롬 프로그램

2009년에는 헤이그 프로그램을 대체하여 2010년부터 2014년까지 유지된 스톡홀롬 프로그램이 채택되었는바, 이에 관하여는 https://de. wikipedia.org/wiki/Stockholmer_Programm 참조.

5.1. 이민정책과 망명정책의 안전법적 측면

「자유, 안전 및 사법지대」의 점진적 구축을 위하여 유럽연합이사회는 국경통과 및 여행의 자유와 관련하여 (외부)국경통제, 망명 및 이민에 관한 조치를 발하였다(「유럽연합의 운영에 관한 조약」제67조 제2항). 관련 조치들은 유럽연합 내에서의 자유로운 인적 왕래를 보장하고 보충하는 것으로 이해된다. 「유럽연합의 운영에 관한 조약」제77조 제1항 a에 따를 때, 유럽연합에 가입해 있는 국가의 국경을 통과하 **86**

는 데 있어서는 유럽연합시민뿐만 아니라 제3국가의 국적을 소지하고 있는 자도 통제를 받아서는 아니 된다. 망명, 이민, 제3국가의 국적을 소지하고 있는 자의 권리보호와 관련된 그 밖의 조치도 규정되어 있다.

87   여행의 자유 및 이동의 자유와 관련하여서는 ―모든 유럽연합시민의 평등한 대우를 보장하는― '국적을 이유로 하는 차별금지의 원칙'이 고려되어야 한다. 유럽연합시민권 제도의 법적 효과는 「유럽연합의 운영에 관한 조약」 제20조 이하의 규정들이 효력을 발한 이후에도 계속 유지된다.* 「자유, 안전 및 사법지대」는 역내국가의 국경통과에 관한 규정을 통하여 구체화된다. 동 조약 제20조 이하의 규정들은 경찰관청 간의 협력규정을 담고 있고, 경찰-질서법상의 직무와 권한의 유럽화의 핵심적 내용을 형성한다.

5.2. 사법(司法)적 협력

88   형사영역에서의 사법적 협력에 대하여는 「유럽연합의 운영에 관한 조약」 제82조부터 제86조까지가 규정하고 있으며, 경찰협력은 「유럽연합의 운영에 관한 조약」 제87조부터 제89조까지에서 발견된다. 형사영역에서의 협력의 중요한 대상은 사법공조(司法共助, Rechtshilfe)와 판결의 집행원조(Vollstreckungshilfe)의 개선이다(「유럽연합의 운영에 관한

---

 * 역주: 이 문장에서 말하는 유럽연합시민권제도의 법적 효과는 「유럽공동체조약」 17조 이하의 규정을 통하여 인정되었던 것인데, 유럽공동체조약 제17조 이하는 지금의 「유럽연합의 운영에 관한 조약」 제20조 이하에 해당한다. 결국 이 문장은 유럽공동체조약 제17조 이하의 규정을 통하여 인정된 유럽연합시민권이 「유럽연합의 운영에 관한 조약」 제20조 이하가 발효한 후에도 그대로 효력을 갖는다는 것을 의미한다.

조약」 제82조, 제83조 그리고 제85조). 유럽연합법의 조치가 부분적으로
는 그러한 협력을 위한 장치로서 기능한다. 그러나 회원국들은 부분
적으로 특별한 조약을 체결하기도 한다.129)

회원국 간의 협력에 적합한 도구는 **법원 판결의 상호인정의 원칙**(Prinzip　　　**89**
der gegenseitigen Anerkennung von Entscheidungen)인데, 동 원칙은 이제 1
차법에 규정되기에 이르렀다(「유럽연합의 운영에 관한 조약」 제67조 제3
항, 제82조 제1항). 이러한 통합의 수단은 ―제조물 및 서비스의 교역을
보장하기 위하여 다른 회원국의 영업법이나 제조물법과 관련된 판례
를 인정하는― 역내시장에 관한 법을 통하여 알려졌다. 유럽연합 회원
국 및 유럽연합기관의 견해에 따르면, 사법적(司法的) 결정을 상호 인정
하는 것이 형사영역에서 사법적 협력을 위한 근본적 구조의 요소를 이
룬다.130) 이외에도 「유럽연합의 운영에 관한 조약」 제82조 제2항, 제
83조에 언급된 영역에서 회원국들의 **법규의 균일화**(均一化, Angleichung)
또한 사법적 협력을 위한 기본적 전제조건이다(「유럽연합의 운영에 관
한 조약」 제82조 제1항).

사 례　유럽체포영장에 관한 기본결의는131) 32개의 범죄영역에서 상　　　**90**
호 간 가벌성의 심사생략, 인도를 요구하는 국가의 국적보유자의 원칙적
인도, 서식의 단일화 및 절차의 간소화를 규정하고 있다.132) 체포영장의
허용성에 관한 회원국 관청의 결정은 위에 언급된 사례의 경우에 다른 회

---

129) *Satzger*, in: Streinz (Hg.), Art. 82 AEUV, Rn. 4 ff.

130) *Hecker*, Europäisches Strafrecht, § 12 Rn. 48.

131) 유럽체포영장과 회원국 간에 범죄인인도절차에 관한 Rahmenbeschluss
　　des Rates vom 13. Juni 2002, ABl. L 190 vom 18. Juli 2002, S. 1.

132) 이에 대한 광범위한 논의에 관하여는 J. *Vogel*, JZ 2005, 801 (802) m.w.N.
　　이러한 내용에 관하여 자세한 것은 *Hecker*, Europäisches Strafrecht, § 12, Rn.
　　52 ff.

원국 관청에 의해서 인정되어야 하고, 따라서 당사자는 본국으로 인도될 수 있다.

독일의 연방헌법재판소는 기본결의를 국내법으로 변환시켜 받아들인 독일법을 위헌으로 판단하였는바, 왜냐하면 동법은 기본결의가 규정하고 있는 최소한의 기준을 초과하고 기본법 제16조 제2항에 따른 인도의 자유에 위반되기 때문이다.[133] 그러나 동 재판소는 유럽연합의 법적 영역 내에서 한 국가의 국가로서의 정체성을 유지하기 위한 중요한 수단으로서 상호인정의 원칙을 강조하였다.[134]

한편 폴란드의 헌법재판소는 유럽체포영장에 관한 기본결의를 국내법으로 받아들이는 (독일과 유사한) 규정에 대하여 부분적으로 비판한 바 있다. [135]

유럽의회와 유럽연합이사회는 형사절차법의 균일화를 위한 영역에 있어서도 최소한의 기준을 정하는 규정, 즉 최소규정(最少規定, Mindestvorschriften)에 관한 지침을 제정할 권한을 행사한다(「유럽연합의 운영에 관한 조약」 제82조 제2항).

5.3. 유럽사법기구(유럽司法機構)

91   유럽연합에서 형사소추와 관련된 사법적 협력은 유럽사법기구(Eurojust, 유럽司法機構)*가 조정하는바(「유럽연합의 운영에 관한 조약」

---

133) BVerfGE 113, 273; 이에 관하여는 *Tomuschat*, EuGRZ 2005, 453; *J. Vogel*, JZ 2005, 801.

134) Ebd. LS 2.

135) Urteil vom 27.4.2005, Az. P 1/05, EuR 2005, 494.

* 역주: 유럽사법기구(Eurojust, Einheit für justizielle Zusammenarbeit der Europäischen Union)는 유럽연합의 사법행정청으로 헤이그에 그 본부를 두고 있는데, 가장 중요한 권한은 국경을 넘나드는 형사절차를 유럽차원에서 조정하는 것이다. 유럽사법기구에 관하여 보다 자세한 것은 https://de.

제85조),136) 그 법적 근거는 기본결의이다. 유럽사법기구의 조직, 작동 방식, 활동 내지 직무영역에 관한 법적 근거는 유럽의회와 유럽연합이 사회가 통상적인 입법절차의 방식을 거쳐 제정하는 유럽연합규정을 통하여 확정된다(「유럽연합의 운영에 관한 조약」 제85조 제1항 및 제2항). 「유럽연합의 운영에 관한 조약」 제2조에 따라 형식적 소송행위는 역내국가의 사법관청이 수행하며, 유럽사법기구는 형사소추의 임무를 수행한다. 유럽사법기구는 위험방지의 직무를 담당하지는 않는다.

유럽사법기구는 법인격(Rechtspersönlickeit)을 가지고 있으며, 헤이그 **92** 에 본부를 두고 있다. 또한 유럽연합 회원국들의 국내법 기준에 따를 때 스스로 형사소송에 관한 권한을 행사할 수 있는 사람들, 즉 판사, 검사 또는 경찰공무원들로 구성되어 있다. 따라서 유럽사법기구는 신속한 법적 정보를 제공할 뿐만 아니라 수사와 형사소추에 관한 조치를 조정할 수도 있다.137) 유럽사법기구의 관할은 유럽형사경찰기구(Europol)의 관할과 동일하고, 국경을 초월하는 성격을 가진 중범죄 및 조직범죄를 다룬다. 이외에도 유럽사법기구는 사법공조에 있어서 국내관청을 지원한다.

유럽사법기구는 정보-, 문서(보관)-, 조정 및 중재기관(Clearingstelle) **93** 으로서 유럽형사경찰기구(유로폴)에 있어서의 경찰협력에 대응하는 사법적 기구이다.138) 집행권한의 확대는 사법상 통제권한이 유럽사법기구에 할당되는 것에 수반하여 이루어질 수 있다.

---

wikipedia.org/wiki/Eurojust 참조.

136) *Esser/Herbold*, NJW 2004, 2421.

137) *Satzger*, in: Streinz (Hg.), Art. 31 EUV, Rn. 15.

138) *Hecker*, Europäisches Strafrecht, § 5 Rn. 73.

5.4. 유럽검찰청

94 「유럽연합의 운영에 관한 조약」에서 근거를 찾을 수 있는 유럽검찰청
(Europäische Staatsanwaltschaft) 창설 프로젝트는 무엇보다도 유럽연합
의 재정적 부담을 가져오는 범죄와 관련 있으며, 나아가서 특별한 유
럽 형사소송법을 위한 출발점이 될 수 있다.[139] 유럽검찰청은 유럽연
합의 재정적 부담을 초래하는 범죄행위에 대한 형사소추를 할 수 있다
(「유럽연합의 운영에 관한 조약」 제86조 제1항). 유럽연합이사회는 특별입
법절차에 따라 유럽연합규정으로 그러한 내용을 정할 수 있는바, 이를
위하여서는 유럽의회의 동의와 유럽연합이사회에서의 만장일치가 요
구된다(「유럽연합의 운영에 관한 조약」 제86조 제1항 제2문).

95 「유럽연합의 운영에 관한 조약」 제86조 제4항은 유럽검찰청의 권한
의 확장을 규정하고 있는바, 그에 따라 유럽검찰청의 권한은 국경을
초월하는 중범죄에 대한 대처에까지 확장되었다. 유럽연합이사회는
유럽의회의 동의와 집행위원회의 청문이 행해진 이후에 만장일치로
결정하게 된다.

6. 유럽에서의 경찰협력

6.1. 입법의 기본구조

96 경찰협력은 「유럽연합의 운영에 관한 조약」 제87조에서 제89조까지
에 규정되어 있다. 관련법의 제정은 일반적인 입법절차, 즉 다수결의

---

139) *Satzger*, Strafrecht, § 10 Rn. 22.

원칙에 따라 행해지는 것이 원칙이다. 그러나 국경지역에서의 효과적
협력은 특별한 입법절차에 따라서 유럽연합이사회가 독점적으로 입
법권을 행사한다(「유럽연합의 운영에 관한 조약」 제87조 제3항). 이를 위
해서는 유럽연합이사회의 만장일치가 요구된다. 유럽의회는 어떠한
공동결정권한도 갖지 못하며, 단지 청문에 관한 권한을 가질 뿐이다.
최소한 9개 회원국 이상의 강력한 협력이 가능하다.*

경찰협력에 있어서의 유럽연합의 조치는 범죄행위 및 인종차별과 외　**97**
국인 적대현상을 방지하고 퇴치할 수 있어야 하며, 또한 형사판결의
상호인정 및 필요한 경우에 있어서의 형사상 법률규정의 균일화를 통
하여 경찰관청, 형사소추기관과 다른 관할관청의 조정을 가져올 수 있
어야 한다(「유럽연합의 운영에 관한 조약」 제67조 제3항). 이러한 규율은
유럽연합과 유럽연합시민의 안전을 높은 수준으로 보장하는 것을 그
목적으로 한다.

사법적 협력을 위한 「유럽연합의 운영에 관한 조약」 제82조와 제83　**98**
조, 경찰 협력을 위한 「유럽연합의 운영에 관한 조약」 제87조 제2항의
조치들은 유럽연합법상의 일반적 수단의 형식으로 발해진다. 따라서
이와 관련하여 경찰협력과 사법협력의 영역에서 직접적으로 적용되
는 법을 제정하는 것은 새로운 것이다.

리스본조약으로 인하여 **기본결의**(Rahmenbeschluss)** 란 형식의 법제　**99**

---

* 역주: 이 문장의 의미를 이해하기 위하여는 "유럽연합이사회에서 만장일치
가 이루어지지 않으면 적어도 9개 회원국으로 구성된 그룹이 유럽이사회가
입법초안을 만들 것을 신청할 수 있다. 이 경우 유럽연합이사회에서의 (입
법)절차는 중지된다"라고 규정하고 있는 「유럽연합의 운영에 관한 조약」 제
87조 제3항 제2문의 규정내용을 이해할 것이 요구된다.

정행위는 사라졌다. 그러나 그럼에도 불구하고 이미 존재하고 있는 기본결의들은 계속해서 유효하다. 이것은 유럽연합을 위한 중요한 결정들은 지침(Richtlinien)의 형태로 제정되며, 이를 통하여 회원국의 강력한 결속이 나타나게 된다는 것에 기초하고 있다. 기본결의는 종종 역내국가의 형법 및 형사소송법 규정의 균일화를 목적으로 하였다. 예컨대, 기본결의는 모든 회원국에서 처벌되어야 할 범죄행위에 관한 최소한의 기준을 제시하였고, 그를 통하여 역내국가의 규정들이 서로 일치되어 갔다. 기본결의가 정하는 기준에 따라 제정 내지 개정된 역내국가의 법은 법적 의무를 발생시킨다. 기본결의는 지침과는 달리 어떠한 직접적인 효력을 가지지는 못한다(구「유럽연합조약」제34조 제2항 b 제2문). 유럽사법재판소는 역내국가의 법을 기본결의에 부합하게 해석해야 한다는 의무를 인정하였는바, 이는 역내국가의 법을 지침에 부합하게 해석해야 한다는 의무에 상응하는 것이다.140)

100　**사 례**　유럽연합이사회의 2005년 2월 24일의 정보시스템에 대한 공격에 관한 기본결의 2002/222/JI는 무엇보다도 컴퓨터시스템에 권한 없이 접근하는 것과 위법한 컴퓨터시스템침해(해킹)에 대한 형사처벌가능성에 관한 역내국가의 규정들을 균일화하는 것이다.141) 그것은 지침을 통하여 대체되어야 한다. 2002년 6월 13일의 테러방지를 위한 기본결의142)는 테러단체조직에 관한 형사소송법 제129a조의 개정을 가져왔다.143)

** 역주: 기본결의란 리스본조약의 체결 이전에 유럽연합이사회가 유럽연합의 3번째 기둥(경찰협력과 사법협력)에 관하여 행한 결의를 말한다.
140) EuGH, Rs. C-105/03 (Pupino), Slg. 2005, I-5285.
141) ABl. Nr. L 69 vom 16.3.2005, S. 67; 국내법으로의 전환만료기간이 2007년 3월 16일로 종료하였다.
142) 테러에의 대처를 위한 2002년 6월 13일자 유럽연합이사회의 기본결의 2002/475/JI, ABl. L 164, S. 3.
143) *Hecker*, Europäisches Strafrecht, § 11, Rn. 66.

6.2. 쉥겐조약(Der Schengen Besitzstand)

6.2.1. 발전

유럽연합 내에서 아무런 통제(즉, 검문)를 받지 않고 국경을 통과할 수   101
있는 법적 근거는 먼저 유럽연합법의 기본구조 밖에서 발전하였다. 국
경에서의 대인적 통제를 폐지하는 것은 국경통과와 관련된 침해의 경
찰법적 근거를 유럽화하는 것을 그 전제로 한다. 유럽연합 회원국 간
에 국경통제와 망명신청의 관할에 관한 규정이 일치할 수 없었기 때문
에 합의의 의사가 있는 몇몇 국가만이 당시의 유럽공동체법과는 별도
의 국제법적 차원에서의 합의에 이르게 되었다. 이러한 발전과정의 막
바지에 이르러서야 비로소 관련 규정들이 유럽연합법으로 편입되게
되었다.144)

1985년 6월 14일의 쉥겐조약(Schengen-Übereinkommens: SÜ)이 ─국경   102
에서의 대인적 통제폐지에 관한─ 규범의 기원을 이룬다.145) 벨기에,
독일, 프랑스, 네덜란드, 룩셈부르크가 가장 먼저 조약을 체결하였고,
그 이후에 점차적으로 다른 국가들이 가입을 하였다. 쉥겐조약의 핵심
은 공동의 외부국경에서의 통제와 달리, 쉥겐조약에 참여한 회원국의
동시적인 협력에 있어서 회원국 상호 간에는 내부국경의 통제를 폐지
하는 것이었다.146) 일반적인 경우에 인적 왕래에 있어서는 승용차를

---

144) 정책실무차원의 시각에 관하여는 *Elsen*, in: Müller-Graff (Hg.), Der Raum
der Freiheit, der Sicherheit und des Rechts, 2005, S. 43 ff.
145) "베네룩스 경제연합, 독일 연방공화국, 프랑스 정부 간에 체결된 1985년 6
월 14일의 쉥겐조약은 공동국경의 통제를 점진적으로 폐지한다"는 문구는
in GMBl. 1986, S. 79 (Nr. 5).
146) 이러한 내용 전반에 관하여는 *Achermann/Bieber/Epiney/Wehner*, Schengen
und die Folgen, 1995; *deLobkowicz*, in: Busek/Hummer (Hg.), Etappen auf
dem Weg zu einer europäischen Verfassung, 2004, S. 131.

정지시키지 않고 단순히 시각적 통제, 즉 눈으로만 차량 내부를 확인
하는 정도로도 족하다(쉥겐조약 제2조). 상품교역과 관련해서는 선별적
으로 통제를 하는 형태의 제한이 합의되었다(쉥겐조약 제11조, 제12조).
범죄행위에 대한 대처는 특히 정보의 교환을 통하여 강화되었다(쉥겐
조약 제9조). 국경통제의 폐지는 무엇보다도 국경통제폐지를 대체하는
조치를 취하는 것과 결부되어 있다.

103   쉥겐조약의 규정들은 1990년 6월 19일의 **쉥겐-시행조약**(Schengen-
Durchführungsübereinkommen: SDÜ)을 통해서 집행할 수 있게 되었
다.[147] 그를 통하여 내부국경에서의 대인적 통제가 폐지되게 되었는
바, 구체적인 경우 언제부터 대인적 통제가 폐지될 것인지에 대하여
는 해당 국가가 다른 국가에게 공식으로 통보하여야 한다.(제2조 제1
항).[148] 쉥겐조약은 통일적인 비자 및 망명법에 관한 규정 이외에 **경찰
협력**에 관한 규정들을 담고 있다. 체약국(締約國, Vertragsstaat)은 상호
협조의 의무를 부담한다(제39조). 다른 나라의 국경을 넘어서 행해지
는 관찰은 사법공조요구에 관한 다른 체약국의 동의에 근거해서 행해
지거나, 긴급한 경우에는 사법공조요구의 통지와 사법공조요구서를
제출하는 것을 통하여 행해질 수 있다. 현행범으로 추적하고 있는 사
람을 국경을 넘어 뒤쫓는 것은 일련의 전제조건을 준수하는 한에서 허
용된다(제41조). 형사사건이나 범죄인인도에 있어서의 사법공조에 관
한 일반 규정들이 쉥겐-시행조약의 사법협력에 관한 절(節)을 완성한

---

147) 공동국경에서의 통제를 점진적으로 철폐하는 것과 관련된 "베네룩스 경제
연합, 독일 연방공화국, 프랑스 정부 간에 체결된 1985년 6월 14일의 쉥겐조
약의 시행을 위한 1990년 6월 19일의 법률, BGBl. II, S. 1010.

148) *Groenendijk*, ELJ 10 (2004), 158 ff. 이러한 통보는 유럽이사회나 그와 유사
한— 예컨대 G8 정상회담과 같은 —국가정상들의 만남에 앞서서 행해지는
바, 2000년부터 2003년까지 33건이 있었다.

다(제48조 이하). 이에 따라 위험방지영역에서는 외국의 고권을 행사하는 것이 허용된다.[149] 조약을 통한 합의에 근거하고 있는 주 경찰법과 같은 역내국가 규정들도 이를 인정하고 있다(예컨대, 바덴-뷔르템베르크 경찰법 제78조 제4항, 동법 제79조 제1항 제2문).

쉥겐조약의 중요한 구성요소 중의 하나는 체약국 간의 공동정보시스 **104**
템의 구축이다. 쉥겐정보시스템(Schengener Informationssystem: SIS)을 통하여 ―자동절차의 방식으로 불러오기를 하기 위하여― 사람과 물건에 대한 검색을 용이하게 하는 정보가 이미 등록되어 있다(제92조 제1항). 독일의 검찰을 위해서는 "쉥겐정보시스템에서의 사람의 수배를 포함한 사람에 대한 국제적 수배에 관한 지침"이 존재한다.[150] 그러한 정보는 스트라스부르그에 있는 중앙지원센터에 의해서 관리되고, 모든 국내관청의 관련 기관이 그러한 정보에 접근이 가능하다. 유럽연합 회원국이 아닌 제3국의 국적을 소지하고 있는 외국인이 입국금지로 등록되어 있거나(제96조) 어떤 물건이 영치되어 있는 것으로 등록되면(제100조) 현장의 모든 권한 있는 기관은 이와 같은 정보에 직접적으로 접근할 권한을 가진다. 접근권한이 있는 것은 국경통제에 대하여 관할권을 가진 기관, 입국금지와 관련된 기관 및 외국인 관청이다(제101조). 이처럼 직접적이고 지체없이 정보에 접근할 수 있는 권한의 범주가 광범위하다는 것이 쉥겐정보시스템의 장점이다.

국가의 책임 있는 정보시스템을 통한 개인정보의 수집, 처리와 저장은 **105**
필연적으로 정보보호 및 정보보안에 관한 규정들을 필요하게 만든다.[151] 체약국은 유럽이사회의 정보보호조약이 정하는 기준으로부터

---

149) *Schoch*, POR, Rn. 47.
150) RiStBV Anlage F, abgedruckt bei *Meyer-Goßner*, StPO, 54. Aufl. 2011, A 15;
국경을 넘어서는 조치에 대하여는 ebd. § 163, Rn. 8a f.

도출되는 정보보호에 관한 최소한의 공동기준을 준수할 의무가 있다
(쉥겐조약 제126조).[152]

106 쉥겐 정보시스템은 확장되고 새로워져야 한다(쉥겐 정보시스템 II: SIS
II).[153] 그러나 이것은 아직 가동되지 않고 있다. 쉥겐 정보시스템 II
의 목표는 관청 간의 협력을 개선하고 경찰협력을 지원하는 것이다.
기술적 개선이 매우 중요하지만, 법적인 기본구조는 그대로 유지된
다.[154] 그러나 정보기술이 최신화됨으로 인하여 권리침해의 강도가
질적으로 강화되는 결과를 가져올 수 있다. 이 같은 이유, 그리고 비용
과 효용 간의 관계로 인하여 이러한 프로젝트는 정치적으로 논란의 대
상이 되고 있다.[155]

6.2.2. 현재의 상황

107 1998년의 암스테르담 조약의 일부는 쉥겐조약을 유럽연합법에 포함
시키는 것이었다.[156] 이것은 프로토콜(Protokoll)을 통해 이루어지는
바,[157] 그러한 프로토콜은 유럽연합조약 제51조에 따라 1차법적인 성

---

151) Vgl. *Epiney*, in: Busek/Hummer (Hg.), Etappen auf dem Weg zu einer
    europäischen Verfassung, 2004, S.125 f.
152) 1981년 1월 28일의 개인정보의 자동처리에 있어서 인권보호를 위한 유럽
    이사회의 조약, ETS no. 108.
153) 쉥겐정보시스템(SIS 1+)로부터 제2세대 쉥겐정보시스템(SIS II)로의 전
    환에 관한 2008년 10월 24일의 유럽연합이사회의 Verordnung (EG) Nr.
    1104/2008ABl. L 299 vom 8. November 2008, S. 1.
154) *Gusy/Schewe*, in: Weidenfeld/Wessels (Hg.), Jahrbuch der Europäischen
    Integration 2003/2004, 2004, S. 179.
155) *Kugelmann*, in: Schulze/Zuleeg/Kadelbach, Europarecht, § 41 Rn. 116.
156) *Elsen*, Die Übernahme des "Schengen-acquis" in den Rahmen der EU, in:
    Hummer (Hg.), Rechtsfragen in der Anwendung des Amsterdamer Vertrages,
    2001, S. 39; *Epiney*, Die Übernahme des "Schengen-Besitzstandes" in die EU,
    in: Hummer (Hg.), Die EU nach dem Vertrag von Amsterdam, 1998, S. 103.

격을 가진다. 쉥겐조약은「유럽연합의 운영에 관한 조약」제326조~제
334조, 유럽연합조약 제20조에 따라 강화된 협력, 즉 실질적 협력을 의
미하는데, 쉥겐조약에 모든 (유럽연합) 회원국이 참여하지는 않고 있다.
덴마크, 영국, 아일랜드의 경우에는 특별규정이 적용되는바, 이 국가들
에게는 개별적 사안별로 법제정에의 참여를 결정할 권한이 유보되어
있다(opt-in).[158] 조약상의 합의를 근거로 하여 노르웨이, 아이슬란드,
스위스에서도 쉥겐조약이 발효되었다.[159] 리히텐슈타인은 쉥겐조약
의 국내법으로의 전환, 적용 및 발전에 있어서「스위스의 가입에 관한
유럽연합과 스위스와의 협약」에 의해 쉥겐조약에 가입하였다.[160]*

쉥겐조약은 프로토콜의 부록에 열거되어 있는 중요요소들로 구성되 　**108**
어 있다.[161] 쉥겐조약, 쉥겐시행조약 및 이들 양 조약에 대한 가입프로
토콜과 가입조약이 그 근거를 형성한다. 쉥겐시행조약에 따른 집행위
원회의 의결과 고시가 그에 덧붙여진다. 1999년 5월 20일의 유럽이사
회 의결을 통하여 이러한 조약상의 법문(法文)의 많은 부분이「유럽연
합의 운영에 관한 조약」제67조 이하에 규정되었다.[162] 유럽사법재판

---

157) 쉥겐조약의 유럽연합법에의 포함에 관한 Protokoll Nr. 2
158) *Kugelmann*, in: Schulze/Zuleeg/Kadelbach, Europarecht, § 41 Rn. 60.
159) 쉥겐조약의 국내법에의 수용, 적용과 발전에 있어 아이슬란드, 노르웨이
　　의 가입에 관한 유럽연합이사회와 아이슬란드, 노르웨이 간의 1999년 5월
　　18일의 협약, ABl. L 176 vom 10. Juli 1999, S. 31; 2008년 11월 27일의 유럽연
　　합이사회의 결의 2008/903/EG, ABl. L 327 vom 5. Dezember 2008, S. 15.
160) 유럽연합이사회는 2011년 3월 7일에 그에 동의하였다.
　* 역주: 리히텐슈타인은 외교와 관련하여서는 모든 권한을 스위스에 위임하고
　　있으며, 따라서 리히텐슈타인의 쉥겐조약에의 가입은 스위스를 통하여 이루
　　어졌다는 것을 이해하면, 이 문장의 의미를 쉽게 이해할 수 있을 것이다.
161) *S. Hailbronner* (Hg.), Ausländerrecht, D 6.
162) 유럽연합이사회의 결의 1999/435/EG und 1999/436/EG vom 20. Mai
　　1999, ABl. L 176 vom 10. Juli 1999, S. 1 und 17.

소는 리스본조약에 규정되어 있는 유럽연합법에 따라 일반 규정에 대
한 포괄적인 관할권을 가진다.163)

6.3. 프륌체제(Das "Prüm-Konzept")

109   2005년 5월 27일에 벨기에, 독일, 프랑스, 룩셈부르크, 네덜란드, 오스
트리아, 스페인은 특히 테러, 국경을 초월하는 국제범죄, 불법이민 등
의 문제에 대처하기 위하여 국경을 초월하는 협력의 강화에 관한 조약
을 체결하였다.164) 동 조약에 서명한 장소가 (독일) 라인란트-팔쯔 주
의 프륌(Prüm)이기 때문에, 동 조약을 프륌(Prüm)조약이라고 부른다.
프륌조약은 내용적으로 볼 때 쉥겐조약 및 쉥겐시행조약의 내용을 더
욱 발전시킨 것으로서 ―쉥겐조약이 그러했던 것과 마찬가지로― 조
약체결 시점에 바로 유럽연합법 규정으로 법제화되지는 못하였고, 최
종적인 유럽연합법으로의 법제화에는 일정한 시간이 걸렸다.

110   7개 체약국은 선두주자로서의 역할을 수행하려고 하였는데, 왜냐하면
관련 규정들이 유럽연합의 법적 구조 내로 옮겨져야 하기 때문이다.
조약발효 후 늦어도 3년 이내에 조약에 상응하는 법안이 제정되어야
한다(제1조 제4항). 유럽의회와 집행위원회의 참여는 국제법상의 조약
의 규정을 유럽연합법으로 통합시키는 법안이 만들어진 이후에야 비
로소 행해질 수 있다. 역내국가의 의회의 참여는 조약에 있어서는 완
성된 법문을 받아들이거나 거부하는 것에 국한된다.

---

163) *Thiele*, EuR 2010, 30.
164) 이 조약에는 항공안전요원(Flugsicherheitsbegleitung)의 신고내용에 관한
제17조에 대한 별표, 다른 체약국의 고권적 영역에서 부대투입시 무기소지
의 허용에 관한 제28조에 대한 부록 및 공동발표가 덧붙여져 있다.

쉥겐조약의 경우에 있어서와 마찬가지로 프륌조약은 유럽연합이사회   **111**
의 의결을 통하여 모든 회원국에 적용되는 유럽연합의 법으로 편입되
었다.165) 프륌-결의(Prüm-Beschluss)는 무엇보다도 정보의 교환을 그
대상으로 한다. 독일에 있어서는 연방수사청(Bundeskriminalamt)이 독
일과 유럽연합 간의 연락기관이 되며, 자동차 관련자료에 대해서는 독
일의 연방자동차청(Kraftfahrtbundesamt)이 관할권을 갖는다. 그 밖의 규
정들은 유럽축구 국가대항전(예컨대 유로 2016 등)과 같은 대규모 행사
또는 국경 지역에서의 공동순찰 등과 관련이 있다.166)

독일의 경우 프륌-결의는 2009년에 연방차원에서 국내법으로 받아들   **112**
여졌다.167) 국내법으로의 편입은 연방경찰법 제61조에서 명시적으로
발견된다. 이에 대하여 프륌-결의를 주 경찰법에 수용하는 것은 주에 따
라 상이하다. 즉, 메클렌부르크-포어포먼주가 명백한 수용규정을 가지
고 있는 것에 반하여(메클렌부르크-포어포먼 안전질서법 제10조 제1항 제2
문), 다른 주들의 경찰법은 프륌-결의에 근거한 협력을 다른 국가와의
협력에 관한 일반적인 규정에 포함시키고 있다.168) 이와 같은 규정이 조
약을 근거로 한 협력에 국한되는 한, 그것은 유럽규정(프륌-결의)의 국내
법으로의 전환에 관한 요구를 충족하지 못하는 것이 된다.169)

---

165) 특히 테러와 국경을 초월하는 국제범죄에의 대처를 위한 국경을 초월하
는 협력에 관한 2008년 6월 23일의 유럽연합이사회의 결의, ABl. L 210 vom
6. 8. 2008, S. 1.

166) 이에 관하여는 *Kugelmann*, in: ders. (Hg.), Polizei unter dem Grundgesetz,
2010, S. 93.

167) 특히 테러와 국경을 초월하는 국제범죄에의 대처를 위한 국경을 초월하는
협력강화에 관한 2008년 6월 23일의 유럽연합이사회의 결의(2008/615/JI)
의 국내법으로의 전환에 관한 (2009년 7월 31일의) 법률, BGBl I, S. 2506.

168) 예컨대 §§ 79, 78 PolG BW; Art. 10, 11 BayPAG; §§ 103, 102 HessSOG; §§ 92,
91 Abs. 3 SOG LSA.

169) §§ 7, 8 ASO Bln; § 9 Abs. 4 POG NW.

113   체약국 간의 **정보의 교환**(Austausch von Informationen)이 프륌 결의의 중
점을 이룬다. 프륌 결의의 목표는 특히 회원국 경찰관청 간의 국경을
초월하는 자료교환의 개선을 통하여 국제 경찰협력을 간소화하는 것
이다. 회원국의 경찰관청은 다른 회원국의 경찰관청이 보유하는 관련
정보에 대한 접근권을 가지게 된다. 관련 정보가 다른 나라에 존재한
다는 것이 미리 확인되어야만 비로소 사법공조가 행해질 수 있기 때문
에 국제적 데이터뱅크를 네트워크를 통하여 연결시키는 것은 회원국
간의 사법공조를 용이하게 하는 결과를 가져온다.

114   모든 회원국은 DNA 분석파일시스템을 설치하여 다른 체약국의 국내
연락기관이 자동검색시스템을 통하여 접근할 수 있도록 할 의무가 있
다(제2조 이하). 지문의 경우도 마찬가지이다(제8조 이하). 이와 같은 자
료에의 접근은 인터넷을 통한 자동화된 절차의 방법으로 진행된다. 그
러나 자료는 무기명으로 입력되고 식별번호로 표기되어 있어서 회원
국이 자동검색을 하여도 바로 개인정보가 제공되지는 않도록 되어 있
다. 관련 자료를 불러오기 한 국가는 단지 소위 히트/노히트 시스템
(sog. hit/no hit- System)*에 따른 답신을 얻을 수 있을 뿐이다. 따라서 자
동검색을 한 국가는 단지 자동절차를 통하여 입력한 정보에 관하여 검
색결과(Treffer)를 얻을 수 "있다 또는 없다"라는 것에 관한 것만을 알게
된다. 검색결과가 존재한다는 긍정적인 답신이 있는 경우에 개인정보는
불러오기한 국가와 그 자료를 관리하는 국가 간의 사법공조절차를 통하
여 제공될 수 있다. 이와 같은 시스템은 DNA 자료뿐만 아니라 지문시스
템에도 적용된다. 다른 체약국의 국내 연락관에게는 자동차등록에 관한
데이터뱅크로부터 자료를 불러올 권한까지도 부여된다(제12조).

---

   * 역주: hit/no hit- System이란 자동검색을 해 보았을 때 요구한 자료가 파일에
   존재한다(Hit) 또는 존재하지 않는다(No-Hit)에 대한 답만 얻을 수 있을 뿐,
   그 자료의 구체적 내용까지는 알 수 없도록 되어 있는 시스템을 말한다.

자동차 등록자료에 대한 검색은 DNA나 지문자료처럼 엄격한 제한을 **115** 받지 않는다. 그 이유는 불러오는, 즉 검색대상이 되는 자료의 민감성에 차이가 있기 때문이다. 자동차 등록자료에 대하여는 모든 회원국이 직접적으로 그리고 완전한 온라인 읽기가 가능하다. 한편 대규모행사가 있는 경우에는 개인정보의 제공이 허용되는바, 예컨대 유럽축구 국가대항전이 열리는 경우에 있어서 훌리건의 인적 사항과 같은 개인자료의 제공이 허용되는 경우가 그러하다(제13조 이하).

테러관련 범죄행위에의 대처를 위한 조치는 제16조에 규정되어 있다. **116** 공동순찰, 국경을 초월한 새로운 투입형태가 고안되어야 하고, 재난상황에 있어서의 추적 및 국경을 초월한 협력이 용이해야 한다(제17조 이하). 이와 관련하여 다른 회원국에의 직무상 무기, 탄약, 장비의 투입은 제19조에서 규정하고 있다.

관할권의 결여로 인하여 유럽연합이 규정하지 않는 사항은 앞으로도 **117** 계속하여 프륌 조약의 대상으로 남게 될 수 있다. 유럽연합이 규정하지 않는 사항은 ─그를 유럽연합이 규정하지 않는다는 내용의─ 프륌 결의를 통하여 취소되는 것이 아니라, 계속해서 적용될 수 있다(제35조). 회원국은 국제법적 차원에서 상호 협력한다. 소위 스카이 마샬(Sky-Marshal)이라 불리는 무장(武裝) 항공안전요원*의 투입(프륌조약 제17조 이하)[170]과 국경수비대원(Dokumentenberater)의 투입이 이에 해당된다(프륌조약 제20조 이하).

---

* 역주: 스카이 마샬(Sky-Marshal)은 항공기 납치 등 항공안전을 해하는 사고를 방지하기 위하여 항공기에 탑승하는데, 우리나라에서는 '항공사복경관(航空私服警官)'이라는 용어가 사용되기도 한다.

170) Vgl. die Fortgeschrittenenhausarbeit von *Ronellenfitsch/Glemser*, JuS 2008, 888.

118   프륌-결의뿐만 아니라 프륌조약은 현재 존재하고 있는 유럽연합의 협
       력, 그리고 유럽연합이 제정한 법과 관련된다. 그것들은 중대한 기본권
       침해요소를 갖고 있다.171) 프륌조약과 프륌-결의의 정보보호법적 규정
       은 ―예컨대 독립한 정보보호기관을 통한 통제와 관련하여서는― 부분
       적으로 유럽이사회의 정보보호조약과 역내국가의 법에 따를 것을 규정
       하고 있다(프륌-결의 제25조). 또한 프륌-결의에는 정보보호법상의 목적
       구속의 원칙이 규정되어 있으며(프륌-결의 제26조), 당사자는 정보요구,
       수정 및 삭제청구권 및 손해배상청구권을 갖는다(프륌-결의 제31조).

6.4. 정보와 커뮤니케이션을 통한 협력

119   2006년 12월 18일 유럽연합이사회의 "스웨덴 이니셔티브(Schwedische
       Initiative)"* 에 관한 기본결의는 유럽차원에서 경찰협력의 구체화를 위
       한 또 하나의 증거이다.172) 이 기본결의는 회원국의 일반경찰관청 간
       의 직접적인 협력을 규율하고 있다. 그러나 이 기본결의는 이제까지
       단지 몇몇의 회원국에서만 국내법으로 편입되었고, 단지 2개국에서만
       적용되고 있다. 독일에서도 이 기본결의의 국내법으로의 수용은 이루
       어지지 않았다. 굳이 스웨덴 이니셔티브에 관한 기본결의를 국내법으
       로 수용하지 않아도 정보의 국제적 제공에 관한 현행 경찰법규정만으

---

171) *Schöndorf-Haubold*, Sicherheitsverwaltungsrecht, Rn. 69; 이 문제에 관하여
      일반적인 것은 *Brummund*, Kohärenter Grundrechtsschutz im Raum der
      Freiheit, der Sicherheit und des Rechts, 2010, S. 101 ff.
  * 역주: 스웨덴 이니셔티브는 유럽연합회원국 상호 간의 정보교환을 용이하
      게 하기 위한 프로젝트인데, 그에 관하여 자세한 것은 http://www.datens
      chmutz.de/moin/Schwedische%20Initiative 참조.
172) Vgl. 유럽연합회원국의 형사소추기관 간의 정보와 인식의 간소화에 관한
      유럽연합이사회의 기본결의(Rahmenbeschluss 2006/960/JI), ABl. L 386
      v.29.12.2008, S. 89.

로 충분하다는 견해가 일부 학자들에 의해 주장되고 있지만, 설득력은
별로 없다.

기본결의라는 수단이 폐지되었기 때문에 그에 상응하는 규정들은 "정   **120**
보교환 아젠다(Agenda für den Informationsaustausch)"의 실현이란 차원에
서 지침으로 만들어졌는바, 그것은 스톡홀름 프로그램(Das Stockholmer
Programm)＊에 따르고 있다.   스웨덴 이니셔티브 이외에 프륌-결의와
승객자료의 처리가 이 아젠다의 일부를 형성한다. 비록 기본결의 자체
가 모든 회원국에서 국내법으로 받아들여질 전망이 그다지 높지 않다
고 할지라도, 스웨덴 이니셔티브가 그러한 지침의 배경이 된다.

스웨덴 이니셔티브에 관한 기본결의는 회원국의 형사소추기관 간의   **121**
정보와 인식의 교환을 간소화하고 절차를 신속화하는 것을 그 목표로
하였다. 프륌결의와는 달리 정보의 교환은 —국내의 중앙연락기관을
통해서 행해지는 것이 아니라— 회원국의 관할 경찰관청 사이에서 직
접적으로 행해져야 한다. 이를 위하여는 회원국마다 상이한 절차요건
을 통일시키는 것에 기여하는 공통규정을 만들 것이 필요한데, 그를
통하여 국경을 뛰어넘는 영역에서의 효과적인 형사소추가 행해질 수
있다. 다른 회원국 관청의 자료제공의 요청이 있는 경우 요청을 받은
경찰관청은 그에 대하여 국내 관청의 요청이 있는 것과 똑같이 간소하
게 답변하도록 함으로써, 기본결의 2006/960/JI 제3조의 규정은 차별
없는 자유로운 교환을 규정한다.

＊ 역주: 스톡홀름 프로그램(Das Stockholmer Programm)은 유럽연합회원국의
　공동의 내무정책과 안전정책을 위한 지침을 갖고 있는 5개년(2010년부터
　2014년까지) 계획인데, 이에 관하여 상세한 것은 https://de.wikipedia.org/
　wiki/Stockholmer_Programm 참조.

122   **사 례** 마스트리히트(Maastricht)의 경찰관청이 마스트리히트에 살고 있는 A의 주소에 관한 자료를 제공해줄 것을 아헨(Aachen)에 있는 경찰 관청에 긴급하게 요청한다. 종전까지는 이와 관련하여 어떠한 절차규정 도 존재하지 않았다. 그러나 스웨덴 이니셔티브를 국내법으로 수용하게 되면 그를 통하여 8시간 이내에 답변해 줄 의무가 생기게 된다.

123   교환가능한 정보는 회원국에 이미 존재하는 정보이거나, 국내의 형사 소추기관 또는 사적 기관이 제공할 수 있는 정보이다. 절차의 신속화 를 위하여 그러한 요청은 일정한 기한 내에 처리될 것이 요구되는바, 이 경우 처리기한은 요청의 성질에 따라 정하여진다. 정보의 제공은 관청이 형사소추의 영역에서 국제협력을 위하여 사용할 수 있는 모든 커뮤니케이션상의 방법으로 행해질 수 있다. 그때그때 이용된 경로에 관한 규정은 정보의 이전 및 정보보호에도 적용이 된다. 기본결의 제8 조 제3호의 규정은 정보제공을 요청한 관청은 제공받은 정보를 원래 의 목적을 위하여서만 사용할 수 있다고 규정하고 있다. 해당 정보를 다른 목적으로 사용하는 것은 정보를 제공하는 회원국의 사전허가를 필요로 한다.

124   은행자료는 이른 바 스위프트 조약(sog. SWIFT-Abkommens)* 의 대상이

---

    * 역주: 이른바 스위프트조약(Swift-Abkommen)은 미국의 행정관청이 SWIFT (Society for Worldwide Interbank Financial Telecommunication: 국제은행 간 통신협회)의 자료에 대하여 접근하는 것을 규율하는 미국과 유럽연합 간의 조약이다. 정식명칭은 「테러활동을 지원하는 금융계좌의 추적을 위한 미국 의 프로그램의 목적을 위하여 금융거래자료의 처리와 그의 제공에 관한 미 국과 유럽연합 간의 조약」(Abkommen zwischen der Europäischen Union und den Vereinigten Staaten von Amerika über die Verarbeitung von Zahlungsverkehrsdaten und deren Übermittlung für die Zwecke des Programms der USA zum Aufspüren der Finanzierung des Terrorismus)이다. 스위프트조약에 관하여 보다 자세한 것은 다음의 인터넷문헌 참조:

다. 이 경우 미국의 안전관청이 국경을 초월하는 계좌이동에 대한 접근권을 가진다는 것이 중요하다. 벨기에에 있는 기업이 이를 수행한다. 조약은 이미 유럽 집행위원회, 유럽연합이사회 및 미국 간에 체결되었으며, 그리고 나서 리스본조약이 발효하였다. 한편 리스본 조약에 따르면 국제조약의 체결은 일반적 규율에 따르게 되며, 따라서 유럽의회는 국제조약의 체결에 참여할 권리를 갖게 된다. 유럽의회는 이와 같은 권리를 행사하여 정보보호의 강화에 동의를 결부시켰다. 미국의 접근요청은 정보보호를 위하여 유로폴(Europol)에 의해서 심사된다. 이와 같은 내용으로 스위프트조약이 체결되었다.173)

이와 같은 사례는 기본권보장을 위한 민주적 통제의 중요성을 잘 보여　**125**
준다. 유로폴이 정보보호를 보장하기에 적합한 기관인지는 의문의 여지가 있다. 그렇지만 (정보보호에 관한) 최소한의 기준을 담보하기 위한 절차는 존재하는 것이다.

그의 제공이 경찰협력의 대상이 되는 특별한 정보는 **항공기승객에 관**　**126**
한 자료(Daten der Passagiere von Luftfahrzeugen), 즉 **여객예약기록**
(Passenger Name Records: PNR)이다.174) 유럽연합에는 생물학적 정보가 포함되어 있는 전자여권제도가 도입되어 있다.175) 이와 같은 규정은 여객예약기록의 제공을 목적으로 하였던 이전의 유럽공동체와 미국 간의 조약과 관련이 있다.176) 미국은 유럽연합 내의 공항으로부터

---

https://de.wikipedia.org/wiki/SWIFT-Abkommen.

173) *Tamm*, VuR 2010, 215.

174) *Tamm*, VuR 2010, 215.

175) 유럽연합회원국에서 발행되는 여권과 여행증명서에 생물학적 정보 등 안전징표가 들어가 있어야 한다는 규범에 관한 2004년 12월 13일의 유럽이사회규정 Nr. 2252/2004, ABl. L 385 vom 29. Dezember 2004, S. 1.

176) BGBl. 2007 II, S. 1978; *Gusy*, Goltdammer's Archiv für Strfrecht 152 (2005),

미국의 공항으로 여행하는 여객에 관한 세부적인 정보를 요구한다. 개
인정보를 (유럽연합 회원국이 아닌) 제3국에 제공하는 것은 정보보호지
침의 근거가 되는 정보보호법의 규정을 준수하는 경우에만 허용된다.
미국은 입국 시 여객의 검문를 위해서 여권에 생물학적 정보가 들어
있어야만 한다는 것을 요구하였다. 그러나 유럽연합 회원국에 그러한
여행증명서제도의 도입이 그렇게 빨리 현실화될 수 없었기 때문에, 미
국의 그 같은 요구의 실현은 수차례에 걸쳐 연기되었다. 유럽연합 내
에서 여행의 자유가 촉진되고 있는 반면에, (테러에 대한) 미국의 지나
친 염려가 대서양횡단 여행을 어렵게 만들고 있다.

127　유럽연합에서 정치적 논의의 대상이 되는 것은 여객예약기록의 제공
이란 제도가 유럽연합 회원국에서 제3국으로의 비행 또는 그 반대로
제3국에서 유럽연합 회원국으로의 비행에까지 확대되어야 하는지 여
부의 문제이다. 여객정보를 유럽연합 내의 형사소추기관도 이용할 수
있도록 하는 것이 목표이다. 그러나 이러한 계획은 정보보호법상으로
중대한 문제에 부딪히고 있다.[177]

6.5. 유럽연합의 내무정책에서의 정보보호

128　정보보호지침(Datenschutz-Richtlinie)이 유럽연합 내에서 통용되는 일
반적인 정보보호의 기준을 정한다.[178] 정보보호지침은 연방과 주의

---

216 (224)를 보라.

177) 또한 그러한 제도의 시행에 대하여는 실질적 관점에서 자세하게 고려해
볼 것이 요구된다.

178) 개인정보의 처리에 있어 자연인의 보호와 자유로운 정보교환을 위한
1995년 10월 24일의 지침 95/46/EG, ABl. L 281 vom 23.11.1995, S. 31; 이에
관한 주석으로는 *Brühann*, in: Grabitz/Hilf (Hg.), EUV, Loseblatt, A 30 (Mai
1999).

정보보호법에 수용되었다. 이와 관련하여 동 지침 제28조 제1항 및 제2항에 따라서 정보보호감독기관의 완전한 독립성이 보장되어야 한다. 국가적 감독이 직접적 또는 간접적으로 통제기관인 정보보호감독기관의 결정에 영향을 미칠 수 있기 때문에 정보보호감독기관은 어떠한 국가적 감독하에 놓여서도 안 된다.[179] 그 외에도 전자적 커뮤니케이션을 위한 정보보호지침이 특별규정으로 존재한다.[180] 이와 같은 규정은 기본권의 귀속 및 비교형량을 위한 출발점을 제시해 준다.[181]

형사사건에 있어서의 경찰협력과 사법협력의 차원에서 처리되는 개인 **129** 정보에 대한 기본결의는 2008년 12월 28일에 행해졌다.[182] 여기에서는 범죄행위의 예방, 수사, 확인이나 소추, 또는 형벌의 집행을 목적으로 하는 정보의 교환이 중요하다(제2조). 따라서 여기서의 정보교환은 예방적 조치의 수행뿐만 아니라 진압적인 조치의 수행을 위한 것이다. 그러나 여기서의 정보교환은 그때그때 문제되는 회원국 간의 모든 정보의 교환을 포함하는 것이 아니라 ① 회원국 간(제2a조), 회원국과 행정관청 간, 행정관청 상호 간 또는 유럽연합협약 제6절의 정보시스템(제2b조) 간의 정보교환과 ② 유럽연합조약 또는 「유럽공동체 설립을 위한 조약구성을 위한 협약」을 근거로 설립된 정보시스템 간(제2조) 정보의 교환에 국한된다.

---

179) EuGH, Urt.v.9.3.2010, Rs. C- 518/07 (Europäische Kommission/Bundesrepublik Deutschland), Rn. 30, 32, 37, EuGRZ 2010, 58 = K&R 2010, 326 m.Anm. *Taeger* = EuZW 2010, 296 m.Anm. *Roßnagel*; JZ 2010, 784 m. Anm. *Spiecker*; 이에 관하여는 *Bull*, EuZW 2010, 488.
180) 개인정보처리와 전자적 커뮤니케이션에서의 사적 영역의 보호에 관한 2002년 7월 12일의 지침 2002/58/EG, ABl. L 201, S. 37.
181) *Jarass*, EU-Grundrechte, § 13, Rn. 9.
182) Rahmenbeschluss 2008/977/JI v. 28.12.2008, ABl. L 350 v. 30.12.2008, S. 60.

130 정보보호의 개선은 최소한의 기준도입, 정보교환의 목적과 유형 및 방법의 확정을 통하여 달성되어야 한다. 기본결의는 나아가서 제3국이나 국제기구에 대한 정보제공에 대해서도 규정하고 있다(제13조 이하). 정보제공의 적법성에 대하여는 관할권을 가진 독립한 통제기관이 심사권을 갖는다(제10조 제2항, 제25조). 95/46/EG 지침에 따라 이미 회원국에 설치되어 있는 통제기능을 가진 기관이 여기서의 통제기관의 역할을 수행한다. 마지막으로 기본결의에는 정보교환에 관계된 당사자의 권리가 규정되어 있다. 이와 같은 권리는 원칙적으로 개인정보를 수집 또는 처리하는 회원국이 당사자에게 알려 주어야 한다(제16조 제1항). 이 외에도 그를 행사하기 위한 전제조건이 충족되는 경우에는 그 한도에서 당사자에게는 정보공개청구권(제17조)과 정보의 정정, 삭제, 차단을 청구할 권리가 인정된다(제18조).

131 개별적으로 제정되는 법, 예컨대 유로폴-결의(Europol-Beschluss) 또는 쉥겐 정보시스템과 관련된 쉥겐시행조약은 정보보호와 관련된 특별한 규정을 가지고 있다.[183] 이들 규정 간의 관계, 그들의 상호작용 그리고 시민의 법적 지위 및 권리구제에 관한 결과는 불투명하다. 기본권보호의 효율성은 보장되지 않는 것으로 보인다. 유럽연합에 있어서의 정보보호의 기준과 정점(頂点)은 전체적으로 계속하여 개선될 필요가 있으며, 또한 효율성이 제고될 필요가 있다.[184]

---

183) *Boehm*, JA 2009, 435 (437).

184) Vgl. *Braum*, KritV 2008, 82.

7. 경찰협력제도

7.1. 유로폴(Europol)

형사사건과 관련된 경찰협력과 관련하여 유럽연합 회원국들은 유럽경   **132**
찰관청을 만들었다.[185] 그의 근거는 「유럽연합의 운영에 관한 조약」 제
88조에 규정되어 있다. 이 경우 ―유럽사법기구(유럽司法機構, Eurojust)
의 경우와 마찬가지로― 유로폴(Europol)*의 구조, 그의 활동영역에
있어서 임무수행방식과 임무는 유럽의회와 유럽연합이사회가 일반
적인 입법절차의 방법으로 제정하는 유럽연합규정으로 규율되어야
한다(「유럽연합의 운영에 관한 조약」 제88조 제2항). 동 규정의 내용과 통
제가능성에 대한 규율은 유럽의회와 역내국가의 의회의 참여하에 이
루어져야 한다(「유럽연합의 운영에 관한 조약」 제88조 제2항 제2문).

7.1.1. 성립, 발전과 구조
헤이그에 본부를 두고 있는 유로폴은 국경을 초월하는 범죄에 대하여   **133**
는 국경을 초월하여 대처하여야 한다는 인식의 산물이다. 마약거래나
인신매매의 퇴치와 관련하여 국제조직범죄의 등장이 그의 목적설정
의 중심을 이루고 있다.

정치적으로 보면 유럽경찰관청을 설립하기 위한 노력은 1991년부터   **134**

---

185) *Kröger*, Europol, 2004; *Korrell*, Europol, 2005; *Mokros*, in: Lisken/Denninger,
　　O Rn. 209 ff.; *Schöndorf-Haubold*, Sicherheitsverwaltungsrecht, Rn. 41 ff.
　* 역주: 유로폴(Europol)은 European Police Office의 약자로, 유럽형사경찰기
　　구로 번역되기도 한다. 그러나 인터폴(Interpol)이란 용어가 상용화되어 있
　　는 경우와 마찬가지로 오늘날에는 유로폴(Europol)이란 용어가 보편화되
　　어 있다. 이런 점을 고려하여 본서에서는 유로폴이란 용어를 그대로 사용하
　　기로 하겠다.

계속되어 왔다. 이미 1994년 1월부터 유로폴-마약수사대(유럽마약부대, European Drugs Unit: EUD)가 회원국의 합의를 근거로 하여 활동하고 있었다.[186] 회원국들은 1995년에 유럽연합조약에 근거하여 독자적인 마약전담기관을 설립할 것을 의결하였고, 이를 통하여 마약전담기관인 마약수사대가 유럽연합법의 틀 안으로 들어가게 되었다.[187] 마약수사대는 역내국가의 경찰연락관들로 구성되어 있고 역내 개별국가의 마약관련 (범죄)정보망에 대한 접근권한을 가지고 있다. 그의 임무는 상당히 확장되고 있는데, 인신매매의 퇴치에까지 그의 임무가 확장되고 있는 것이 그러한 예에 해당한다.[188]

135   이와 함께 1995년에 이미 유로폴조약(Europol-Übereinkommen)이 체결되었는바, 이것은 유럽연합법에 속하지는 않는다.[189] 즉, 유로폴조약은 구(舊) 유럽연합조약 제30조가 정하고 있는 정치적 목표에 근거한 국제조약이었다. 유로폴조약은 국제조약으로서 모든 회원국의 비준을 필요로 하였는데, 그러한 비준이 지체되고 있었다. 유로폴조약은 1998년 10월 1일에 발효되었고, 유로폴은 1999년 7월 1일에 그의 업무를 시작할 수 있었다.[190] 유로폴은 이미 그 당시에도 제도적으로, 그리고 절차적으로 유럽연합과 밀접하게 연관되어 있었다.

136   유로폴조약은 국제조약이므로 그를 개정하기 위하여는 개별 회원국

---

186) *Hecker*, Europäisches Strafrecht, § 5, Rn. 59; *Soria*, VerwArch 89 (1998), S. 416 ff..

187) Gemeinsame Maßnahme vom 10. März 1995, ABl. L 62 vom 20.3.1995, S. 1.

188) Gemeinsame Maßnahme vom 16. Dezember 1996 zur Ausdehnung des Mandats, ABl. L 342 vom 31.12.1996, S. 1.

189) Vgl. 유럽연합조약 제3장에 따른 유로폴조약의 확정에 관한 유럽연합이사회의 1995년 7월 27일의 결의, ABl. C 316, S. 1.

190) *Hecker*, Europäisches Strafrecht, § 5, Rn. 61.

의 비준을 필요로 하였다. 이런 단점은 2009년 4월 6일의 유럽이사회의 유로폴-결의를 통하여 극복되었다. 유로폴-결의는 유로폴을 위한 새로운 법적 근거이며, 유로폴조약은 2010년 1월 1일 효력을 상실하였다. 이로써 유로폴은 유럽연합의 하나의 기구가 되었다. 유로폴-결의 제2조 제1항에 따라 유로폴은 법인격을 갖는다.

유럽연합의 재정집행은 유럽연합의 예산으로 행해진다(유로폴-결의 제 **137** 42조). 유로폴-결의 제36조에 따를 때 유로폴의 조직은 행정위원회(Verwaltungsrat)와 유로폴 단장(Direktor)으로 이루어져 있다. 조직의 지휘는 단장이 행하는바, 단장은 특히 일상적인 행정 및 인사행정을 수행하며, 행정위원회가 행한 결정의 집행 및 예산집행에 대하여 책임을 진다(유로폴 결의 제38조 제4항). 그는 법률상 유로폴을 대표하며(유로폴-결의 제38조 제6항), 그의 직무수행과 관련하여 행정위원회에 보고할 의무가 있다(유로폴-결의 제38조 제5항). 행정위원회는 기본적 문제에 대하여 결정하고 조직에 대한 감독을 행하는 것을 그의 임무로 한다(유로폴-결의 제37조 제9항). 행정위원회는 모든 회원국에서 각 1명씩 파견한 대표들과 집행위원회의 대표로 구성되어 있다(유로폴-결의 제37조 제1항). 단장은 행정위원회의 회의에 의결권 없이 참여할 수 있다(유로폴-결의 제37조 제5항).

7.1.2. 임무와 권한

유로폴의 업무의 핵심은 정보의 수집과 처리이다(유로폴-결의 제5조).[191]   **138** 정보의 수집과 처리는 특정한 목적, 특히 테러리즘 및 중대한 국제범죄의 퇴치를 위하여 행해진다(유로폴-결의 제3조, 제4조). 독일식의 사고방

---

191) Wolter/Amelung (Hg.), Alternativentwurf Europol und europäischer Datenschutz, 2008 속에 수록되어 있는 논문들을 참조하라.

식에 따른 위험방지와 형사소추의 구분은 행해지지 않는다.[192]

139 유로폴과의 협력을 위해서 모든 회원국은 (유로폴과의 협력에 관한) 권한 있는 기관을 설치하거나 지정하여야 한다(유로폴-결의 제1조 제3항, 제8항). 이렇게 설치되거나 지정을 받은 기관이 유로폴과 역내국가 관청간의 **유일한 연락기관**(Verbindungsstelle)이다(유로폴-결의 제8조 제2항). 독일의 경우 이와 같은 임무는 연방수사청(Bundeskriminalamt)에 부여되어 행해지고 있다(유로폴법 제1조[193] 및 연방수사청법 제3조 제2항과 제14조).

140 유로폴은 정보의 취득과 제공(유로폴-결의 제5조), 공동 수사그룹에의 참여(유로폴-결의 제6조) 및 특정한 경우에 수사의 개시, 진행 또는 조정을 위한 회원국에의 요청을 그 임무로 하고 있다(유로폴-결의 제7조). 이와 같은 임무의 수행을 위하여는 상호 연계성을 가지며 조직을 갖춘 연락기관이 회원국 내에 설치될 필요가 있다. 회원국의 관청과 유로폴 사이에는 제도적 협력이 행해진다.[194] 기능적인 커뮤니케이션은 그에 적절하게 형성된 행정조직을 필요로 한다.

141 유로폴과 관련하여 행해지는 초국가적 협력은 **정보보호**의 요청을 충족하여야 한다.[195] 유로폴-결의 제27조 이하는 이러한 점을 고려하고 있다. 그들 규정은 유로폴을 통한 정보의 수집과 처리를 규율할 뿐만

---

192) *Schenke*, POR, Rn. 467.

193)「유럽연합조약 제31조에 근거한 1995년 7월 26일의 유로폴의 설립에 관한 조약에 관한 1997년 12월 16일의 법률」, BGBl. 1997 II, S. 2150.

194) *Mehde*, JZ 2005, 815 (821).

195) Wolter/Amelung (Hg.), Alternativentwurf Europol und europäischer Datenschutz, 2008 속에 수록되어 있는 논문들을 참조하라.

아니라, 회원국 내에서의 정보수집에 대해서도 일정한 사항을 요구하고 있다(유로폴조약 제14조 이하) 목적구속(의 원칙)에 관한 규정은 개선될 필요가 있다. 유로폴이 갖고 있는 정보는 그의 임무수행을 위하여 이용될 수 있다. 그러나 목적구속의 원칙과 비례의 원칙은 확대와 분화를 필요로 한다.

정보보호법의 규정들은 유로폴의 임무가 주로 정보의 수집 및 처리에 해당된다는 것을 잘 반영하고 있다. 나아가서 유로폴은 재교육을 제공하거나, 수사 및 범죄행위예방을 위한 수단의 개선에 기여함으로써 회원국을 지원할 수 있다(유로폴-결의 제5조 제4항). 이러한 것을 그의 임무로 하는 결과 유로폴의 활동은 ―독일 경찰법의 관점에서 볼 때― 범죄행위의 예방과 형사소추의 사전 배려이며, 따라서 정확히 위험방지와 형사소추의 중첩지점(Schnittstelle)에 놓여 있다. **142**

유로폴-정보시스템은 회원국 기관의 정보에의 직접적 접근을 보장한다(유로폴-결의 제11조 제3항, 제13조). 회원국의 기관, (경찰)연락관, 유로폴 단장과 부단장 및 그에 관한 권한을 부여받은 유로폴에 근무하는 직원들은 정보의 입력 및 불러오기 권한을 가진다(유로폴-결의 제13조 제1항). 이러한 정보들이 경찰의 조사를 가능하게 한다.[196] 독일의 경우 정보시스템에의 직접적 접근권한은 연방수사청이 갖는다. **143**

아직 발효되지는 않았지만 변경이 예정되어 있는 것으로는 회원국의 지정을 받아 **유로폴-정보시스템**(Europol-Informationssystem)에 접근하여 조회를 할 수 있는 기관의 범위를 확장하는 것을 들 수 있다. 그러나 역내국가의 관청은 조회한 사실관계에 관한 정보가 유로폴-정보시스 **144**

---

196) *Hecker*, Europäisches Strafrecht, § 5, Rn. 64.

템에 있는지 여부에 대해서만 통지를 받게 된다. 그 밖의 정보들은 연방수사청의 개입을 통해서 획득될 수 있다. 연방수사청은 유로폴과 다른 관할권이 있는 역내국가의 관청 간의 연락기관으로 기능한다(유로폴-결의 제8조 제2항).

145   유로폴-결의는 **분석목적을 위한 작업파일**(제14조 이하)에 관한 규정을 갖고 있는바, 그것은 시행지침을 통하여 구체화된다. 분석파일은 경우에 따라서 특정한 분석 프로젝트를 위하여 작성되며, 그를 위하여는 작성명령이 필요하다(제16조). 예컨대 종교나 성생활 등과 관련된 민감정보는 특별한 절차법상의 전제조건을 갖춘 경우에 한하여 사용될 수 있다.

146   유로폴-조약은 정보보호에 관한 규정들을 갖고 있다(제27조 이하). 유로폴이 거의 전적으로 정보의 수집과 처리를 그 임무로 한다는 사실이 고려되어야 한다. 정보보호의 수준을 확보하기 위하여 공동의 통제기구(Kontrollinstanz)가 설치되어 있다(제34조).

7.1.3. 의회의 통제와 권리구제

147   유로폴의 유럽연합 내로의 편입과 리스본조약의 규정들을 통하여 이 영역에 관한 **유럽의회**의 권한은 한층 증대하게 되었다. 유로폴의 활동을 앞으로는 유럽연합규정을 통해서 규율하는 것이 규범으로 확립되어 있는 목표이다(「유럽연합의 운영에 관한 조약」 제88조 제2항). 역내국가 의회의 참여하에 유럽의회를 통한 유로폴의 통제 또한 유럽연합규정의 규율내용에 해당한다(「유럽연합의 운영에 관한 조약」 제88조 제2항 제2문). 유럽의회는 유로폴-결의 제40조에 따라 유럽이사회의 의장, 유로폴 행정위원회의 의장 및 유로폴의 단장에게 유럽의회에 유로폴과 관련된 사안에 대하여 유럽의회에 출석하여 진술해 줄 것을 요청할 수

있다. 이와 같은 출석 및 답변요구권은 유로폴에 대한 의회의 통제를
위한 단초를 이룬다.

의회에 의하여 통제가 이루어지는 것 이외에 유로폴 스스로도 통제를   148
행한다. 모든 회원국은 개인정보를 유로폴에 제공하는 것을 국내법을
근거로 감시하는 국내 통제기구를 가진다(유로폴-결의 제43조). 역내국
가의 통제기구의 대표로 구성된 **공동통제기구**(Gemeinsame Kontroll-
instanz)는 유로폴을 통한 정보의 수집과 처리로 인하여 개인의 권리가
침해되었는지 여부를 심사한다(유로폴-결의 제34조). 공동통제기구는
어느 누구의 지시도 받지 않는다. 한편 공동통제기구는 유로폴에 대하
여 정보를 요구하고, 문서를 열람할 권리(Akteneinsicht)를 가진다. 공동
통제기구가 위반사항을 확인하는 경우에는, 그러한 하자를 제거할 것
을 유로폴 단장에게 요청한다.

공동통제기구의 조직과 권한은 효율적인 내부통제의 요청을 충족시   149
키고 있다. 그럼에도 불구하고 유로폴 시스템 내에서의 통제가 유로폴
시스템 내부의 사정을 지나치게 고려하는 것이 될 수 있다. 즉, 그것은
공평의 원칙에 반할 수가 있다.[197] 그러한 통제는 (제2단계의 통제로서
관할권을 가진 독립한 법원에 의한 외부적 통제가 행해지는 때에는) 제1단계
의 통제로서 의미를 갖는다. 그러나 리스본조약이 체결되기 전까지는
그러한 통제는 행해지지 않았다.

유로폴-결의 제30조 이하에 따라 모든 사람은 유로폴을 상대로 **정보보**   150
호청구권을 가진다. 개인은 정보(공개)청구권을 가진다(제30조). 그러
나 개인이 유로폴이 자신의 정보를 수집 또는 처리하고 있는 것을 알

---

197) *Schenke, POR,* Rn. 467.

지 못한다면, 이러한 권리를 행사하기가 곤란하다. 정보의 정정 및 삭제청구권이 보장되는 것은 정보보호법상의 일반원칙에 부합한다(제31조).

151   유로폴이 전술한 바와 같은 청구를 거부하는 경우라면 당사자는 권리의 실현을 위하여 우선 내부적 통제기구에 이의를 제기할 수 있다. 모든 사람은 역내국가의 통제기구나 공동통제기구에 자신과 관련된 정보의 수집, 저장, 처리 및 이용의 허용성과 타당성 여부를 심사해 줄 것을 요청할 권리를 가진다(유로폴-결의 제32조, 제33조 제2항, 제34조). 이와 같은 틀 속에서 행해진 공동통제기구의 결정은 관련 당사자들 모두에게 영향을 미친다(유로폴-결의 제34조 제8항 제4문). "법적 구속력이 있는(rechtsverbindlich)"이라는 개념을 고수하였던 종전의 견해와는 달리, 역내국가의 법원들은 더 이상 공동통제기구의 결정에 구속되지 않는다. 이로써 권리구제의 흠결은 제거되었다고 할 수 있다.198)

152   유로폴의 활동과 관련하여 가장 중요한 법적 문제는 충분한 권리구제의 보장이었다.199) 하나의 법공동체에서 어떤 기구의 개인의 권리를 침해하는 위법한 조치에 대하여는 효율적인 권리구제가 보장되어 있어야 한다. 이와 같은 문제는 유로폴이 설립된 이래 계속하여 제기되어 왔던 문제이다. 독일은 유로폴이 성립될 당시에 이미 유럽사법재판소에게 통제권한을 인정하려고 하였으나, 특히 영국 등의 저항으로 인해 그러한 시도는 좌절되었다.200)

---

198) *Frowein/Krisch*, JZ 1998, 589 (592 ff.).

199) 예전의 법상황에 따른 유로폴의 조치에 대한 권리구제에 관하여는 *Gleß/Grote/Heine* (Hg.), Justizielle Einbindung und Kontrolle von Europol, 2001.

200) 이러한 비판에 관하여는 *Ostendorf*, NJW 1997, 3418.

리스본조약으로 인하여 권리구제제도가 개선되었다. 「유럽연합의 운 **153**
영에 관한 조약」 제263조 제1항 제4문과 연결된 동조 제2문에 근거하
여 무효(확인)소송에 관한 새로운 규정이 도입됨으로 인하여 이제는
모든 자연인이나 법인이 유럽사법재판소에 유럽연합의 기구나 그 밖
의 관청의 행위의 위법성을 주장할 수 있게 되었다.201) 「유럽연합의
운영에 관한 조약」 제263조 제5항에 따르면 유럽연합의 기구를 설립
하는 것에 관한 법에 당사자를 위한 세부적인 권리구제가 규정될 수
있다. 따라서 앞으로 유로폴에 관한 사항을 정하게 될 유럽연합규정은
적합한 내용의 소권(訴權)과 절차를 규정하여야 마땅하다.

역내국가의 법원은 유로폴의 통제에 관한 포괄적 권한을 보유하고 있 **154**
지 않다. 유로폴의 기관과 그 구성원은 그의 직무를 행하는 한도에서
는 사법부의 판단 아래에 놓여 있지 않는다고 규정하고 있는 「특권과
면책에 관한 프로토콜」202)이 역내국가의 유로폴기관들과 유로폴에
소속된 개인에게 유리하게 작용하고 있다(프로토콜 제11조와 관련된 유
로폴-결의 제51조).

7.2. 유럽연합의 외부국경에 있어서의 효과적 협력을 위한 유럽공
동기구(Die Europäische Grenzschutzagentur) — FRONTEX*

유럽연합은 국가가 아니다. 그러나 유럽연합은 외부적 국경(Außen- **155**

---

201) *Cremer*, DÖV 2010, 58.
202) BGBl. 1965 II, S. 1482 in der Fassung des Vertrags von Nizza vom 26.2.2001,
   BGBl. 2001 II, S. 1667, geändert durch Protokoll vom 13.12.2007, ABl. C 306,
   S. 163.
  * 역주: '유럽연합의 외부 국경에 있어서의 효과적 협력을 위한 유럽공동기구'
   를 '유럽국경관리기구'라고 부르기도 한다.

grenzen)을 가지고 있다. 이와 달리 유럽연합 회원국 간의 국경, 이른바
내부적 국경(Binnengrenzen)은 점차 사라져가고 있다. 이로부터 외부적
국경의 보호임무는 ―역내국가의 행정관청이 수행하는― 유럽연합의
임무로 간주된다는 결론이 도출된다. 이를 위하여는 상호협력이 필요
하다. 따라서 회원국은 이러한 영역에서의 활동을 조정하고 상호 간에
지원을 행하는 공동기구를 설치하게 되었는바, 이러한 공동기구의 설
립은 유럽연합법의 (제도적) 안전법상의 결과라고 할 수 있다.

156 「유럽연합의 외부국경에서의 효과적 협력을 위한 유럽공동기구」, 즉
프론텍스(FRONTEX)는 유럽연합규정을 통하여 설치되었다.[203] 당시
의 유럽공동체조약 제62조 제2항 a 및 제66조가 설립의 법적 근거로서
기능하였다. FRONTEX는 2005년 5월 1일에 그 임무를 시작하였다.
FRONTEX는 특별한 전문기관으로서 유럽연합의 기구이며, 법인격
을 갖는다(제15조 제1항). 참여범위에는 제한이 없으며, 현재 22개 회원
국이 참여하고 있다. 덴마크, 아일랜드 및 영국은 참여하지 않았다.
FRONTEX의 본부는 바르샤바에 있다. 유럽연합의 입법자들은 자유,
안전 및 사법지대의 실현을 위하여 유럽연합행정의 차원에서 특별한
기구, 즉 FRONTEX를 창조했다.[204]

157 FRONTEX의 활동은 외부국경의 통제와 감시에 대한 책임을 부담하
는 회원국 간의 효과적 협력을 위한 조정을 강화하는 것에 기여한다
(제1조). FRONTEX는 ―사람들의 자유로운 왕래를 보완하는 것으로
서의― 통합된 국경수비를 그 목표로 한다. 한편 이러한 국경수비는

---

203) 유럽연합의 외부국경에서의 효과적 협력을 위한 유럽공동기구의 설립을
위한 2004년 10월 26일의 유럽연합이사회규정(EG) Nr. 2007/2004, ABl. L
349 vom 25.11.2004, S. 1.

204) *Mrozek*, DÖV 2010, 886.

자유, 안전 및 사법지대에서의 본질적 요소로 이해되고 있다.205) FRONTEX는 국경수비대원을 교육하고, 리스크 분석을 수행하며, 관련문제를 연구하고, 강력한 활동이 요구되는 상황에서 회원국을 지원하며, 공동송환작업을 조직화함에 있어 도움을 준다(제2조 이하).

국경감시팀의 설치와 비회원국 공무원의 채용에 관하여는 특별한 규정 **158** 이 규율하고 있다.206) 이러한 소위 RABIT-규정*을 근거로 FRONTEX 는 국경수비와 관련된 조치에 기여할 수 있고, 송환행위를 지원할 수도 있다. FRONTEX는 다른 회원국에서 외부국경의 수비를 담당하는 회원국 경찰공무원에게 요청을 한다. 긴급출동팀(schnelle Eingrief-Teams: RABIT)도 형성되었다. 자신의 영토에서 투입이 행해지고 자신의 법이 적용되는 투입국가가 투입(부대)에 대한 지휘권을 행사한다.207)

> **사 례**　독일 연방경찰공무원이 그리스-터키 국경에서 그리스 국경수　**159**
> 비관청을 지원한다. 이 경우에는 그리스의 외국인법이 적용된다. 그리스,
> 독일과 유럽연합의 법질서가 만나는 지점에서 그의 내용이 완전히 밝혀

---

205) Erwägungsgründe 1 bis 4 der Verordnung (EG) 2007/2004.

206) Verordnung 863/2007, ABl. L 199 vom 11. Juli 2007, S. 30.

 * 역주: RABIT은 국경수비를 위한 유럽연합 회원국 내에서 망명, 이민, 국경통제를 담당하는 행정청을 지원하는 유럽연합의 기구인데, 2006년에 북아프리카로부터 난민들이 지중해를 거쳐 남부유럽으로 대량으로 유입되는 상황에 대처하기 위하여 유럽연합 집행위원회가 설치를 제안한 것에 기초하여 설립되었다. 정식명칭은 Rapid Border Intervention Team이다. RABIT에 관하여 자세한 것은 https://de.wikipedia.org/wiki/Rapid_Border_Intervention_Team 참조.

207) *Mrozek*, DÖV 2010, 886 (889 f.); *Thym*, in: Grabitz/Hilf/Nettesheim (Hg.), EUV/AEUV, 43. Aufl. 2011, Art. 77 AEUV, Rn. 36; 지휘권의 이중적 귀속가능성에 기초한 *Schöndorf-Haubold*, Sicherheitsverwaltungsrecht, Rn. 113을 보라.

지지는 않은 기본권에의 구속이 고려되어야 한다.

독일 연방경찰과 프랑스 국경수비관청의 선박이 지중해에서 북아프리카에서 몰타 혹은 이탈리아 람페두사(Lampedusa)섬으로의 난민유입을 저지하기 위하여 공동순찰을 한다.

160   효과적이고 고차원적인, 그리고 모든 회원국에서 동일한 수준의 (국경에서의) 인적 통제와 FRONTEX-규정 제1조 제2항 제2문의 의미에서의 외부국경에서의 감시를 위한 노력은 아무런 통제 없이 불법적으로 국경을 넘나드는 것을 방지하기 위한 협력을 가져오고, 범죄행위의 퇴치를 목표로 한다. 그러나 이민과 관련하여 통합적 국경수비를 개선하기 위한 조치에 소급효를 인정할 것인지의 여부는 특히 망명자나 난민들에게 망명이나 난민지위 승인절차에 대한 접근을 보장하기 위하여 정치적인 측면 또한 함께 고려하여 결정하여야 한다. 그의 최소기준은 관련 지침을 통하여 확정된다.

161   FRONTEX는 유로폴과 함께 처음부터 권리구제와 관련된 문제를 안고 있다.[208] 법공동체 내에서는 개인의 권리를 침해할 수 있는 특정 기관의 위법한 조치에 대하여는 효율적인 권리구제가 보장되어야 한다. 물론 FRONTEX의 조치에 대하여는 조약에 따른 책임과 조약에 규정되어 있지 않은 책임이 모두 보장되어 있기는 하다.[209] 그러나 유럽연합의 특권과 면책에 관한 프로토콜이 적용된다.[210] 따라서 FRONTEX의 공무원은 그의 직무와 관련된 행위를 수행하는 경우에는 역내국가

---

208) FRONTEX는 유로폴과 업무협약을 체결할 수 있다, Art. 13 der Verordnung (EG) 2007/2004.

209) Art. 19 der Verordnung (EG) 2007/2004.

210) BGBl. 1965 II, S. 1482 in der Fassung des Vertrags von Nizza vom 26.2.2001, BGBl. 2001 II, S. 1667, geändert durch Protokoll vom 13.12.2007, ABl. C 306, S. 163.

의 사법부의 판단으로부터 면제된다.[211]

FRONTEX의 조치들은 무엇보다도 주관적 권리를 침해해서는 안 된 **162**
다. 그러나 송환행위를 지원하는 경우에 있어서처럼 구체적인 경우에
있어 FRONTEX의 조치들이 주관적 권리를 침해할 수도 있다.[212] 리
스본조약을 통해서 이런 구체적 경우에 있어서도 권리구제의 보장이
확장되게 되었다. 「유럽연합의 운영에 관한 조약」 제263조 제4항과
연결된 제263조 제1항 제2문의 무효확인소송에 관한 새로운 규정에
따를 때, 모든 자연인 또는 법인은 유럽사법재판소에 "유럽연합의 기
구와 그 밖의 기관"의 행위의 위법성을 주장할 수 있다.[213] 구체적 사
정에 기초한 자료에의 접근거부 이외에, FRONTEX의 행위로 인한 정
보보호이익의 침해 또는 국경에서의 통제조치의 유형과 방식에 관한
FRONTEX의 참여국가에 대한 지시도 소송의 대상이 될 수 있다. 통상
적인 경우에 역내국가의 법원을 통한 권리구제가 보장되는데,[214] 이
와 관련하여 「유럽연합의 운영에 관한 조약」 제267조 제1항 b에 따른
선결적 판단절차(Vorabentscheidungsverfahrens)가 확장된다. 이에 더하
여 「유럽연합의 운영에 관한 조약」 제228조와 연계된 FRONTEX 규
정 제28조에 따라 옴부즈만(Bürgerbeauftragten)에게 민원을 신청할 수

---

211) 특권과 면책에 관한 프로토콜(Protokolls über Vorrechte und Befreiungen),
Art. 11 lit. a.

212) 따라서 *Groß*, Die Kooperation zwischen europäischen Agenturen und
nationalen Behörden, EuR 2005, 54 (67)는 FRONTEX의 설치를 통해 협력의
새로운 지평이 열렸다고 평하고 있다.

213) *Cremer*, DÖV 2010, 58.

214) *Tohidipur/Fischer-Lescano*, in: Möllers/van Ooyen (Hg.), Europäisierung und
Internationalisierung der Polizei 2006, Bd. 1, S. 287; 보트피플(난민)에 관하
여 보다 자세한 것은 *Tohidipur*, in: Freiheit-Sicherheit-Öffentlichkeit, 2008, S.
242 (258 f.).

있다.

163   **사 례**   난민 F가 터키에서 그리스로 가는 데 필요한 유효한 여행서류 없이 그리스로 넘어가려고 시도하다 그리스 정부를 위하여 FRONTEX의 지원행위에 참여하는 두 명의 독일연방경찰관에 의해 체포당한다. F가 터키로의 추방 또는 (위법하다고 생각되는) 체포와 관련된 주변상황에 대하여 법원에 소송을 제기하고자 한다면, 그는 원칙적으로 토지관할 및 사물관할권이 있는 그리스 법원에 소송을 제기하여야 한다.

164   FRONTEX에 국경통제의 임무를 부여하는 것은 유럽연합의 임무인 외부국경의 통제를 명확하게 한다. 근거법은 경찰법적인 성격을 가지는 2차법적인 규정들이다. 경찰-안전법의 일부인 국경수비를 위한 회원국의 관할권이 충족된다. 임무의 조정을 통하여 FRONTEX는 실질적으로 업무에 영향을 미치고, 국경수비(보호)라는 이익의 관철에 기여하게 된다.

7.3. 사기퇴치를 위한 유럽관청(Europäisches Amt für Betrugs- bekämpfung: OLAF)

165   유럽연합은 그의 재정적 이익의 보호에 중대한 이해관계를 가진다. 따라서 유럽연합과 회원국은 유럽연합의 재정적 이익에 반하는 사기행위와 기타 불법행위에 대처하게 된다(「유럽연합의 운영에 관한 조약」 제325조).[215) 이와 관련하여 유럽연합의 기구나 회원국의 관청은 보호이익을 효과적으로 추구하기 위하여 협력하여야 한다. 따라서 유럽연합 펀드의 관리는 집행위원회의 임무이고,[216) 기금의 지불은 회원국 관

---

215) 이들 개념에 관하여는 *Satzger*, in: Streinz (Hg.), Art. 325 AEUV, Rn. 6.
216) *Kugelmann*, in: Streinz (Hg.), Art. 17 EUV, Rn. 47.

청의 책임으로 되어 있다. (유럽연합이 지급하는) 보조금 사기의 사례는 종종 단지 협력을 통해서만 밝혀질 수 있다.

유럽연합의 재정적 이익에 반하는 사기행위를 퇴치하기 위하여 '사기 **166** 퇴치를 위한 유럽관청(Office de la Lutte Anti-Fraude: OLAF)'이 설립되었다.* OLAF는 1999년 6월 1일부터 그 활동을 시작하였다. OLAF는 집행위원회의 한 부서이기는 하지만 완전한 독립성을 누린다. OLAF의 장은 의회, 이사회 및 회계검사원에게 (자신의 업무에 대하여) 보고할 의무가 있다.

OLAF의 임무는 회원국에서의 사기행위의 규명뿐만 아니라, 유럽연 **167** 합 내부의 사기행위에 대한 행정적 규명과 관련되어 있다. 따라서 OLAF의 임무는 주로 형사소추와 관련된다. 내부적 조사의 대상은 먼저 집행위원회이다. OLAF의 권한은 특히 유럽공동체 규정 1073/99호에 기반을 두고 있다.[217] OLAF는 광범위한 내부 조사권한을 행사하는바, 예컨대 모든 정보 및 공간에의 접근, 관련서류의 열람 및 압류(Sicherstellung), 회계검사 등을 통한 조사가 그것이다.[218] 회원국 관청과의 관계에 있어서는 그들 관청이 평가한 정보들이 OLAF에 전달된다. 2차법적 성격을 가진 법들이 그와 같은 정보의무를 규정하고 있다.

사기와 연관된 사실관계를 조사한 경우, 조사내용은 역내국가의 형사 **168**

---

* 역주: 여기서 보듯이 '사기퇴치를 위한 유럽관청'은 약어로 OLAF라고 칭하는바, 이는 그에 해당하는 프랑스어의 '**O**ffice Européen de la **L**utte **A**nti-**F**raude'의 머리글자(굵은 글자로 표시된 것)를 따서 만들어진 단어이다.

217) OLAF의 조사에 관한 1999년 5월 25일의 유럽의회와 이사회의 규정, Verordnung (EG) Nr. 1073/99. ABl. L 136 vom 31.5.1999, S. 1.

218) *Satzger*, Strafrecht, § 10, Rn. 19.

소추기관에 제공된다. OLAF를 통하여 정보를 역내국가 관청에게 제공하는 것은 그 자체로는 아무런 침해적 성격을 갖지 않으며, 따라서 개인의 권리구제는 역내국가 관청의 조치에 대해서 행해진다. [219] 형사소추와 소제기는 관할권이 있는 회원국에서 이루어진다.

169   **사 례**   OLAF의 직원들이 집행위원회의 총무과직원 공개선발과정에서 부정행위가 있었다는 것을 발견한다. 집행위원회의 직원 B가 특정기업에게 허가를 내주는 방향으로 절차를 유도해 주는 대가로 당해 기업으로부터 금전을 받았다는 의심을 받고 있다. OLAF는 벨기에 법에 따를 때 B를 상대로 형사절차를 개시할 수 있는 권한을 가진 벨기에 관청에 관련 서류를 전달한다.

7.4. 유럽 경찰아카데미(CEPOL)*

170   유럽 경찰아카데미(Die Europäische Polizeiakademie: CEPOL)은 2005년에 유럽연합이사회 결의로 설립되었다.[220] 2006년 1월 1일 CEPOL은 유럽연합의 기구로 변경되었는데, 그 원래의 목표와 임무는 그대로 유지되었다. 그때 이후 CEPOL의 재정은 유럽연합의 회계를 통하여 이루어지고 있다. CEPOL의 사무국은 영국의 브람실(Bramshill)에 그 본부를 두고 있다.

---

219) EuGH (Präsident), Rs. C-521/04 (Tillack/Kommission), NJW 2006, 279, Rn. 32.

* 역주: CEPOL 역시 OLAF와 마찬가지로 프랑스어인 **Collège Européen de Police**의 머리글자를 따서 만들어진 약어이다. 한편 CEPOL에 관한 보다 자세한 것은 CEPOL의 홈페이지, https://www.cepol.europa.eu/ 참조.

220) CEPOL의 설치와 2000/820/JI 결의를 폐지하기 위한 2005년 9월 20일의 유럽연합이사회의 결의 2005/681/JI, ABl L 256 v. 1.10.2005, S. 63.

CEPOL의 목적은 2005/681/JI 결의 제5조에 따라 회원국 경찰의 고위   **171**
지휘부의 교육에 관하여 협력이 행해질 수 있도록 하여 CEPOL에 속
해 있는 교육기관 간의 협력을 최적화하는 것에 있다. 특히 동 결의 제6
조에 따라 회원국의 현행 경찰시스템과 구조에 관한 인식을 심화하고,
국제규정과 유럽내부의 규정에 관한 인식을 개선하는 것을 그 목표로
한다.

유럽연합에 있는 경찰의 지휘부, 그리고 유럽연합의 회원국이 아닌 국   **172**
가의 경찰 지휘부도 국경을 초월하는 범죄의 퇴치를 위한 경찰협력과
사법협력의 가능성을 신뢰할 수 있어야 한다. 이러한 목표는 때로는
① 일반교육/전문교육의 실시 및 공동교육계획의 수립에의 참여를 통
해서, 또한 ② 모범적 절차 및 교육결과의 전파를 통해서 추구되어야
한다(2005/681/JI 결의 제7조). 회원국의 경찰기관과의 협력 이외에도
다른 기구, 예컨대 형사소추와 관련된 유럽연합기구 또는 유럽연합 회
원국이 아닌 국가의 국내 교육기구와의 협력 또한 CEPOL의 임무이
다. 유로폴은 그러한 방식으로 교육활동에 참여하게 된다.

(교육)활동의 기획과 집행은 CEPOL을 통해서 또는 CEPOL 자체에서   **173**
이루어지는 것은 아니다. CEPOL에게는 ―세미나를 독자적으로 기획
하고 시행하는― 역내국가의 교육기관 및 재교육기관과의 네트워크
가 중요하다. 한편 독일의 그러한 국내 교육기구는 뮌스터(Münster)에
있는 독일 연방경찰대학원(DHPol)이다.

|참고| 독일 연방경찰대학원
경찰대학설치법의 개정을 통하여 우리나라의 경찰대학에도 대학원이 설치되게 되었다(가칭 치안대학원). 경찰교육전문기관에 대학원이 설치

되는 경우는 독일의 경우를 제외하면 전 세계적으로 보아도 그 예를 찾아보기 쉽지 않다. 따라서 어떤 형태로든 독일의 연방경찰대학원의 운영은 우리나라에도 많은 영향을 미칠 수 있을 것이라고 생각되어 독일의 연방경찰대학원에 관하여 간략하게 소개하기로 한다[독일 연방경찰대학원에 관한 이하의 설명은 박병욱, KIPS 논단 – 독일 연방경찰대학원 소개, 2010년 9월 30일 KIPS 뉴스레터 2호, 3쪽; 박원규, 독일 연방경찰대학원(DHPol) 교육과정 소개, 치안정책리뷰 제52호, 13쪽 이하 참조].

1. 설립과정(연혁)

(1) 독일 연방경찰대학원은 그 기원을 1945년 7월 영국의 신탁통치지역에 신임경찰교육을 위해 개교했던 중앙경찰학교(Zentral-Polizeischule)에서 찾을 수 있다. 1949년에는 힐트룹 경찰 인스티투트(Polizei-Institut Hiltrup)로 교명이 변경되었으며, 1962년에 힐트룹 경찰 인스티투트의 임무와 재정에 관한 협정이 발효되면서 중간 및 고급경찰간부의 교육 및 재교육을 강화하는 계기를 맞이한다.

(2) 1973년에 다시 경찰지휘자 아카데미(Polizei-Führungsakademie)로 교명이 변경되면서 독일 내 유일한 고급경찰간부(경정급) 교육기관으로 임무를 개시하였으며, 1998년에는 각 주 및 연방 내무장관 간에 이루어진 연방경찰대학원 설치에 대한 전격적 합의에 기해 2005년 1월에 독일 노르트라인 베스트팔렌주 의회에서 연방 경찰대학원 설치법이 통과되었다. 그리고 2008년 10월에 독일 연방경찰대학원(Deutsche Hochschule der Polizei:DHPol)이란 이름으로 개원하게 되었다.

한편 독일 연방경찰대학원을 설치되게 된 가장 중요한 배경은 기존의 단순 실무중심의 교육으로는 오늘날의 사회상, 미디어, 국제화, 범죄형태 및 교통형태의 변화, 과학정보기술의 발전, 경찰 행위의 합법화 등에 따른 경찰고위간부에게 요구되는 직업적 전문성이 길러지기 어렵다는 것에 대한 인식에서 찾아볼 수 있다. 결론적으로 독일 연방경찰대학원은 "학문성이 담보된 실무교육"의 달성을 목표로 설치된 것이다.

2. 운영과정

독일 연방경찰대학원이 현재 운영하고 있는 과정은 다음과 같다. 이런 과정의 운영을 통하여 독일 연방경찰대학원은 명실상부한 독일 내 최고의 경찰교육기관으로서의 지위와 대학원으로서의 지위를 공히 가지고 있다.

(1) 고급경찰간부(경정급) 승진자에 대한 재교육과정

연방 및 16개주 고급경찰간부(경정급) 승진자들을 대상으로 2년 4학 기간의 석사과정으로 운영된다. 1년은 각 주(州) 경찰대학에서 그리고 1 년은 뮌스터 소재 연방 경찰대학원에서 집체교육을 받으며, 졸업시 행정학 석사학위(Master of Public Administration-Police Management)를 부여한다. 한편 대학원 졸업 성적우수 경찰관에게는 박사학위 진학기회를 부여하고 있다.

(2) 신규 변호사 특채자에 대한 특별교육과정(Sonderkurs)

독일의 경우 변호사자격을 갖춘 자에 대하여 (1년에 15~20명 정도를) 경정급으로 특채하는 제도가 마련되어 있는데(종래 사법시험합격자를 경정으로 특채했던 우리나라와 비슷하다), 이들 신규 변호사 특채자들에 대하여 경찰실무과목 및 지휘·조직관리 위주의 특별교육과정을 운영한다. 앞서 말한 고급경찰간부(경정급) 승진자에 대한 재교육과정과 달리 6 개월간의 단기과정으로 운영된다.

(3) 경찰관련학문의 박사과정

독일 연방경찰대학원은 (경찰관련학문에 제한되기는 하지만) 박사과정도 운영하고 있는바, 연방경찰대학원 석사과정 졸업생 이외에도 경찰관련 석사자격을 취득한 일반학생(외국인 포함)에게도 문호가 개방되어 있다. 한편 수업년한은 2년이며, 2년과정 수료후 구두시험 및 논문평가에 합격하면 박사학위가 부여되는바, 현재 법학, 사회학, 경제학 및 행정학 박사학위 취득이 가능하다.

8. 유럽안보방위정책

174   유럽안보방위정책(Die Europäische Sicherheits- und Verteidigungspolitik: ESVP)은 공동외교안보정책(Gemeinsamen Außen- und Sicherheitspolitik: GASP), 따라서 유럽연합의 대외정책의 일부이다(유럽연합조약 제21조).[221] 유럽안보방위정책은 1900년대 이후 역동적으로 발전하여 왔으며, 국제적 위기의 예방과 극복을 위한 시민적, 군사적 역량의 구축과 투입을 그 목표로 한다. 유럽연합은 국제적 위기관리가 문제되는 모든 영역에서 책임을 짊어지고 있다.[222]

8.1. 위기상황에의 대처와 위기관리

175   국경을 초월하는 안전보장의 임무는 유럽안보방위정책의 비군사적 측면에 속한다. 법치국가원리의 유지나 재난방지가 이에 속하며, 경찰영역 또한 이에 속한다. 위기에 공동으로 대처하기 위한 신속성, 즉 위기대처를 위하여 짧은 시간 내에 투입이 이루질 수 있도록 하는 것이 그 목표이다. 유럽연합이 받아들인 작전은 처음부터 순수한 군사적 작전의 성격뿐만 아니라, 일련의 경찰작전의 성격 또한 갖고 있다.[223] 그러나 전형적인 경찰임무도 부분적으로 군부대에 의해 수행된다. 경찰작전과 군사작전을 엄격하게 분리하려는 노력이 행해지고 있는바, 그러한 계획은 유럽연합 경찰부대의 설립을 그 목표로 한다. 그에 따르면 유럽연합 경찰부대는 다음과 같은 두 가지의 임무를 수행하여야 한다고 한다. 그 하나는 먼저 현장에 있는 그 지역 경찰력을 강

---

221) *Regelsberger/Kugelmann*, in: Streinz (Hg.), Art. 21 EUV, Rn. 1 ff; 23, Rn. 2.
222) *Graf von Kielmannsegg*, Die Verteidigungspolitik der Europäischen Union, 2005, S. 99.
223) *Kugelmann*, EuR 2004, 322 (328 ff.)을 보라.

화하고 지원하는 것이다. 그리고 다른 하나는 유럽연합의 경찰부대 또
한 지역의 경찰부대와 협력하여, 또는 그를 대신하여 공공의 안녕과
질서를 유지하기 위하여 집행권한을 가져야 한다는 것이다.224)

군사적 규율을 갖춘 유럽경찰부대의 설치는 위기상황에 신속하게 투   **176**
입될 수 있는 능력을 구축하는 것과 관련이 있다. 2004년 9월 17일에
프랑스, 이탈리아, 네덜란드, 포르투갈과 스페인의 국방부장관들은 유
럽헌병부대(Europäische Gendarmerietruppe)*를 설치할 것에 합의하였
다. 유럽헌병부대는 2006년 1월 19일에 그 임무를 시작하였으며, 지휘
본부는 이탈리아의 비센차(Vicenza)에 위치한다. 그들의 임무는 위기
상황에 투입되어 공공의 안전을 유지하는 것이다. 2008년 12월 17일
에 루마니아가 유럽헌병부대의 여섯 번째 가입국이 되었으며, 그 이후
에 유럽연합 회원국과 비회원국이 이에 참여하고 있다.

경찰임무는 공동외교안보정책(GSAP)의 중점업무 중의 하나이다. 유   **177**
럽연합은 군사적 영역에서 안전정책의 주체로서, 그리고 경찰력의 투
입을 통한 평화유지력을 갖춘 기구로서 그 명성을 이어 왔다. 공동외

---

224) 그러나 그러한 경우는 거의 없을 것이다.

　* 역주: 프랑스의 경우 예전부터 군대적 조직을 갖춘 Gendarmerie가 국경수비
　　와 치안유지를 모두 담당하여 왔다. 한편 우리나라에서는 그 조직형태를 고
　　려하여 이를 '헌병'이라고 번역하여 왔으며, 본서에서도 이런 점을 고려하
　　여 Europäische Gendarmerietruppe를 '유럽헌병부대'라는 용어를 사용하기로
　　한다. 한편 유럽헌병부대는 영어로는 European Gendarmerie Force(EGF),
　　프랑스어로는 Force de gendarmerie européenne(FGE)라고 한다.
　　유럽헌병부대는 본문에서 보듯이 처음에는 5개국의 합의를 통하여 출범하
　　였는데 그 이후 폴란드(2007년 3월)와 리투아니아(2009년 12월)가 파트너
　　의 지위를 갖게 되었고, 터키는 2009년에 옵서버지위를 획득하였다. 한편 독
　　일은 이에 가입하지 않고 있는데, 그 가장 큰 이유는 독일 기본법이 경찰과
　　군대의 분리를 명확하게 규정하고 있기 때문이다.

교안보정책(GSAP)은 지역경찰에 조언하고 지원하는 기능을 수행하거나, 직접 작전을 수행하며, ―지역경찰이 수행할 수 없거나 아직은 수행할 준비가 되어 있지 않은― 집행경찰로서의 기능을 수행한다.

178   발칸지역은 이미 그의 공간적 근접성으로 인하여 공동외교안보정책(GSAP)의 활동의 중심을 이루고 있다. 발칸전쟁 이후에 그 지역이 다시 안정을 찾고 그것이 유지되기 위하여는 위기의 근원을 없애야 한다. 이 경우 발칸국가에게 유럽연합에의 가입 옵션을 제공하는 등 그들 국가를 유럽연합(의 활동이나 방침)에 익숙하게 만드는 것이 중요한 역할을 하게 된다.

179   **사 례**   2003년 1월 1일 보스니아 헤르체고비나에서 경찰작전(EUPM)*이 시작되었다.225) 유럽연합 경찰부대에는 어떠한 집행기능도 부여되지 않았으며, 감시와 조언을 통하여 지역 경찰부대의 설립을 지원하는 것이 그의 목적이었다. 보스니아 헤르체고비나에는 데이튼 평화협정(Abkommen von Dayton)에 근거하여 국제관리기구(internationale Verwaltung)가 설치되었다. 데이튼 평화협정에서 보스니아 헤르체고비나의 새로운 헌법에 대한 합의가 이루어졌는바, 이것은 동시에 국제법상의 실험으로 볼 수 있다.226) 다인종(多人種)국가에 다국적군(internationale Präsenz)이 존재한다.227) 거의 칠백명에 이르는 직원들로 이루어진 최고 대표부(Hohen Repräsentanten)의 행정청이 그의 지주역할을 한다.228) 그것은 행정적, 인류적, 군사적 요소를 가진 과도적 관리기구이

---

* 역주: EUPM은 보스니아 헤르체고비나에서의 유럽연합의 경찰임무를 의미하는 'Die European Union Police Mission in Bosnia and Herzegovina'의 약어이다.

225) GASP의 2002년 3월 11일의 공동결의 2002/210/GASP, ABl. L 70, S. 1.

226) *Sarcevic,* in: Gedächtnisschrift für Burmeister, 2005, S. 359 (361 f.)

227) *Marauhn,* AVR 40 (2002), 480 (487).

228) *Graf Vitzthum,* in: Festschrift für Eitel, 2003, S. 823 (830 f.)

다.229) 최고대표부의 장은 2002년부터 유럽연합의 특별위임관이 동시에 맡는다. 관련 임무는 변경된 구조하에서도 그대로 지속되고 있다.

|참고| 보스니아 내전과 데이튼 평화협정

전술한 바와 같은 내용을 이해하기 위하여서는 보스니아(정식 명칭: 보스니아-헤르체고비나) 내전 및 그의 종결을 가져온 데이튼 평화협정에 대한 이해가 선행되어야 하는바, 이하에서 그에 관해 간략히 소개하기로 한다.

1. 보스니아 내전

(1) 보스니아 내전의 배경
인구 460만여 명의 보스니아는 보스니아계(이슬람교) 48%, 세르비아계(세르비아 정교) 37%, 크로아티아계(가톨릭) 14%로 이루어진 국가인데, 이러한 인구 및 종교의 구성이 '보스니아 내전'의 중요 원인(遠因)이된다. 즉, 오랜 기간 동안 계속되어 온 민족적·종교적 반목이 1990년대 초반 '보스니아 내전'의 발발로 이어졌으며, 이 내전으로 보스니아는 '유럽의 킬링필드'로 불려졌다.

(2) 보스니아 내전의 전개
구 유고연방이 해체되는 과정에서 발생한 보스니아 내전의 근인(近因), 즉 직접적 원인은 1991년 보스니아계와 크로아티아계가 연대하여 유고연방으로부터 분리·독립할 것을 선언하고 국민투표를 통해 이를 확정하려고 하자, 세르비아인들이 국민투표 참가 자체를 거부하고 보스니아로부터의 분리·독립을 주장한 것에서 찾을 수 있다.

---

229) Resolution 1272 (1999), VN 1999, 219가 그 근거였다.

1992년 4월 유럽연합과 미국이 보스니아의 독립을 인정하자 보스니아는 본격적인 내전상태에 돌입하게 됐는데, 내전 초기에 세르비아가 중심이 된 신유고연방군의 지원을 받는 보스니아 내 세르비아계가 보스니아 영토의 약 70%를 점령하고 이른바 '인종청소'라 불리우는 만행을 저질렀다. 이에 대한 유엔의 각종 제재에도 불구하고 세르비아계의 무력도발은 계속되었고, 이에 유엔은 직접 평화유지군(Peace Keeping Forces: PKO) 파견을 통하여 내전에 개입하게 되는데, 그럼에도 불구하고 내전은 종식되지 못했다. 각국이 자국군의 인명피해를 최소화하기 위해 이른바 '제로 킬드(Zero Killed)' 전략을 구사하여 내전에 소극적으로 대처했던 것도 그 원인의 하나로 볼 수 있다.

2. 데이튼 평화협정

(1) 데이튼 평화협정의 체결경위

보스니아 내전의 발발 이후 3년여 동안 수많은 희생자가 발생하였던바, 이러한 사태의 해결을 위하여 내전 당사국들과 미국, 유럽연합, 러시아 등 중재자들이 참여한 가운데 1995년 11월 미국의 오하이오주 데이튼(Dayton)에서 평화협상이 개최되었고, 12월 파리에서 협정이 체결되었다.

(2) 데이튼 평화협정의 내용

3년 8개월에 걸친 보스니아 내전의 (표면적) 종결을 가져온 데이튼 평화협정의 주요 내용은 다음과 같다. 즉
① 보스니아-헤르체고비나 공화국의 국제적 지위 보장
② 보스니아 내 세르비아계의 실체 인정
③ 영토의 51%를 이슬람계(보스니아계) 및 크로아티아계에게 양도
④ 빠른 시일 내 총선거실시를 통한 새로운 정부 및 의회의 구성.

(3) 분쟁의 종결(?)

데이튼 평화협정은 보스니아, 더 크게는 발칸반도의 분쟁을 적어도 표면적으로는 해결하였다는 역사적 의미를 가진다. 그러나 데이튼 평화협

정이 체결된 뒤에도 여전히 분쟁의 불씨는 완전히 사라지지 않고 있는데 그 이유는 다음과 같은 것에서 찾아볼 수 있다. 즉,

① 보스니아 내 세르비아계들은 무엇보다도 보스니아의 수도인 사라예보의 관할권이 이슬람계(보스니아계)와 크로아티아계에 이양되었다는 점에 불만을 가지고 있다. 보스니아 내전의 전범으로 기소된 52명 중 세르비아계가 압도적으로 많다(45명)는 점 또한 불만의 요소가 된다.

② 이슬람계와 크로아티아계는 이들의 옛 거주지역인 스레브레니차와 제파가 세르비아계의 영토에 편입되었다는 점, 그리고 보스니아 동부와 서부의 세르비아계 점령지역을 연결시켜 주는 이른바 '포사비나 회랑'을 인정했다는 점을 들어 협정에 불만을 가지고 있다.

③ 평화협상이 세르비아와 이슬람, 크로아티아 연방의 요구와 불만을 해소하는 데 치중되어 막상 보스니아 정부의 권한이 매우 약화되었다는 것 또한 커다란 문제이다.

(4) 결어 – 평화의 정착을 위한 발걸음

2002년 7월 15일 보스니아, 세르비아, 크로아티아 3국의 지도자들이 내전종식 이후 최초로 정상회담(사라예보 선언)을 통해 상호협력을 합의했고 이후 무력충돌은 상당히 자제되고 있다. 그러나 오랜 역사적 반목과 희생자들에 대한 뼛속 깊은 상처로 인해 보스니아 분쟁은 여전히 잠재성을 가지고 있다.

유럽연합은 위기대처의 영역에서 활동하는 많은 주체 중의 하나이다. **180** UN 안전보장이사회의 결의를 통하여 정당성이 인정된 작전들이 공동외교안보정책(GSAP) 및 유럽안보방위정책(ESVP)의 틀 안에서 수행된다. 이러한 과정에서 유럽연합은 예전에 NATO에 부여되어 있던 임무, 즉 강제수단을 가지고 안전을 창조하고 유지하는 요소를 가진 임무를 떠맡게 된다.

181   **사 례**   보스니아 헤르체고비나에서 유럽연합의 통합군(EUFOR
Althea)이 작전을 수행하면서 2004년 12월 2일에 1996년 이래 NATO가
이끌어 온 안정화작전부대(Stabilisation Force: SFOR)가 해산되었다. 유
럽연합 22개 회원국 및 11개의 제3국 출신의 7,000명으로 이루어진 투입
부대를 통하여 매우 다양한 인종들로 구성된 국가에서 평화를 확보하는
것은 매우 복잡하고 어려운 과제이다.

NATO는 사라예보에 본부를 두고 있으며, 유럽연합은 NATO의 수단
에 의존하고 있다. 핵심은 스스로 공공의 안전을 유지할 수 없는 국가에서
공공의 안전을 확보하는 것이다. 중심적 국가임무의 하나가 유럽연합의
결정에 달려 있다. 유럽연합은 처음부터 데이튼 평화협정에 따른 민정이
양을 위하여 필요한 중요한 역할을 수행하여 왔다.[230] 그 임무는 변화된
정치적 조건에 맞추어 지속되고 있다.

182   위기관리는 예방을 강조한다. 민주적 구조에 대한 위협을 통하여 야기
되는 불안전을 방지하기 위하여 유럽연합은 민주적이고 법치국가적인
구조의 강화를 시도하고 있다. 경찰의 관점에서는 지역경찰의 교육과
재교육이 중요하다. 법적인 관점에서는 바라보는 경우는 물론, 사실적
관점에서 바라보아도 인권활동과 교육은 충돌완화전략(Deeskalations-
strategie)에 기여한다.

|참고| 충돌완화전략

1. 충돌완화전략의 등장배경
충돌완화전략은 2차 세계대전 후 서구 열강들 사이에 군사적 긴장 및
대치상황이 고조되는 것을 방지하기 위해서 군사적인 영역에서 먼저 사
용되었다. 즉, 1960년대 베를린 사태, 쿠바 사태 및 수에즈운하 사태 등과
같은 '군사적 긴장'과 관련하여 또 다른 새로운 세계대전을 방지하고자

---

230) *Graf Vitzthum*, in: Festschrift für Eitel, 2003, S. 823 (835).

'충돌완화전략'이라는 개념이 절대적으로 필요하였던 것이다. 충돌완화
전략은 이러한 군사적, 국제정치적 상황을 배경으로 하여 성립되었다.

2. 충돌완화전략의 정의

충돌완화전략의 등장배경을 고려할 때, '충돌완화(Deeskalation)'의 개
념은 '다변적 국제 분쟁에서 상황이 작용 · 반작용을 통해 점점 첨예화되
는 것을 막기 위하여 긴장을 완화시키는 방법을 통하여 위기나 극한의 분
쟁을 방지하는 과정'이라고 정의할 수 있다.

3. 충돌완화전략의 변용

독일의 경우 충돌완화전략은 경찰에 의한 집회관리와 관련하여 집회
에 대한 대응전략으로 자리잡게 되었는바, 이에 대하여 자세한 것은 박병
욱, "집회시위 과정에서의 폭력완화전략(Deeskalationsstrategie)에 대한
고찰 — 독일 연방헌법재판소의 브록도르프(Brokdorf) 판결을 중심으
로," 행정법연구 제39호, 2014, 141쪽 이하 참조.

사 례   유럽연합은 조지아(Georgien)*에서 다양한 업무를 통하여 법   **183**
치국가의 지원을 위한 임무를 수행하였는데(Eujust Themis)**[231]) 이것은
최근에 종료되었고 '이라크에서 법치국가의 지원을 위한 임무(Eujust
LEX)***'가 계속되고 있다.[232]) 한편 Eujust Themis는 오히려 법치국가적

---

  * 역주: 조지아는 구소련이 붕괴되면서 독립한 신생국가로 아시아와의 경계
    선에 위치해 있다. 과거에는 러시아명으로 '그루지아'라고 불리웠으나, 막상
    조지아정부는 영어식 명칭인 조지아(Republic of Georgia)로 불리기를 원하
    고 있다.
 ** 역주: Eujust Themis는 조지아에서 법치국가지원을 위한 임무 또는 그러한
    임무를 수행하는 지원단을 말하는바, 이에 관하여 자세한 것은 http://www.
    consilium.europa.eu/uedocs/cmsUpload/Factsheet%20THEMIS%20041026.
    pdf 참조.
231) Gemeinsame Aktion 2004/523/GASP, ABl. L 228 vom 29. Juni 2004, S. 21.

구조를 확보함에 있어 전략적 지원을 수행한다. 이에 더하여 사법, 경찰, 형사집행영역을 담당하는 이라크 지휘부를 위한 재교육조치 또한 Eujust Lex의 임무와 연결되어 있다.

유럽연합이 콩고 민주공화국에서 운영하던 경찰임무(EUPOL Kinshasa)는 종료되었으며,233) 2005년 4월 30일 이후부터는 현지의 통합경찰부대에 자문을 해 주는 것이 임무가 되었다. 이와 병행하여 2005년 6월 8일에 콩고내에서 안전부문의 개혁을 위한 유럽연합의 자문 및 지원임무가 시작되었다(EUSEC RD Congo).234) 그것은 안전부문에서 군대의 통합을 목표로 하는바, 안전부문은 인권과 민주주의 및 선한 통치의 원리에 상응하며 계속하여 발전되고 있다.

184   이 경우 법치국가적 구조의 정착을 위한 지원은 좁은 의미에서의 위험방지의 임무수행에 국한되는 것이 아니라, 넓은 의미에서의 안전관청의 임무를 포함한다. 국경통제의 수행을 포함한 국경수비 또한 이에 속한다.

185   **사 례**   2005년 12월 말 유럽연합은 팔레스타인에서 임무수행을 위한 지원단(EU BAM Rafah)*을 설립하였다. EU BAM Rafah는 Rafah에서 국

*** 역주: EUJUST LEX(The European Union Integrated Rule of Law Mission for Iraq)는 공동외교안보정책(ESVP)하에 (민간차원에서) 위기관리임무를 수행하는 유럽연합의 지원단이다. EUJUST LEX는 이라크에서 판사와 교도관 및 그 밖의 형사사법영역에 종사하는 사람들을 지원하거나 교육시키고, 법의 지배와 인권보호를 개선하기 위한 활동을 행한다. EUJUST LEX에 관하여 자세한 것은 https://en.wikipedia.org/wiki/EUJUST_LEX; http://eeas.europa.eu/archives/csdp/missions-and-operations/eujust-lex-iraq/index_en.htm 참조.

232) Gemeinsame Aktion 2005/190/GASP, ABl. L 62 vom 9. März 2005, S. 37.

233) Gemeinsame Aktion 2004/847/GASP, ABl. L 367 vom 14. Dezember 2004, S. 30.

234) Gemeinsame Aktion 2005/355/GASP, ABl. L 112 vom 3. Mai 2005, S. 20.

* 역주: Rafah에서의 국경통제지원을 위한 유럽연합지원단(The European

경통과 시 행해지는 통제임무수행에 관하여 팔레스타인 자치정부를 지원한다.[235] 이러한 임무는 2005년 11월 25일에 시작되었고, 처음에는 그 활동연한이 12개월인 한시적 기구이었다. 2006년 1월 1일에 3년간의 활동이 예정된 경찰임무지원단인 EUPOL COPPS가 팔레스타인에서 출범했다.[236] EUPOL COPPS은 팔레스타인 경찰에 대한 자문 및 지원을 행하는 것을 그 목표로 한다.

8.2. 국제임무수행기관 직원의 법적 지위

국제임무를 수행하는 기관의 직원들은 3가지의 법질서를 준수하여　**186**
야 한다. 출발점이 되는 것은 그들의 파견근거가 되는 국제법 또는 유럽연합법의 특별한 체제이다. 이들에게 우선적으로 적용되는 국제법상 규정이 정하는 기준 다음으로는 역내국가의 법규정들이 적용된다. 한편 파견국가의 국내 법질서는 기본적으로 국제임무를 수행하는 기관의 직원에게도 적용된다. 이에 더하여 그들의 본국법(本國法, Heimatstaat)의 법질서에의 구속이 있는바, 그것은 국제법질서의 규정과 중첩될 수 있다.

Union Border Assistance Mission at the Rafah Crossing Point: EU BAM Rafah) 은 가자지구에서에서의 경찰임무지원을 위한 유럽연합의 지원단(European Union Police Mission for the Gaza Striph: RafahCOPPS) 이후에 팔레스타인 점령지역에 설립된 2번째의 민간위기관리지원단이다. EU BAM Rafah에 관하여 자세한 것은 https://en.wikipedia.org/wiki/European_ Union_Border_ Assistance_Mission_Rafah 참조.

235) Gemeinsame Aktion 2005/889/GASP, ABl. L 327 vom 14. Dezember 2005, S. 28.

236) Gemeinsame Aktion 2005/797/CFSP, ABl. L 300 vom 17. November 2005, S. 65.

187   자문관(諮問官)이나 교육관은 주재국 관련기관의 동의하에 활동을 하게 된다. 그들은 어떠한 침해적 권한도 행사하지 않는다. 그들에게는 그들의 본국법(本國法)이 전면적으로 적용된다. 징계법상의 권한과 마찬가지로 공무원법상의 권리와 의무에 관한 사항 역시 본국 관청의 권한이다. 예컨대 EUPOL Kinshasa 또는 EUJUST LEX와 EUJUST THEMIS에 대한 법적 근거들은 이러한 점을 분명히 하고 있다. 독일 공무원에 대해서는 독일법, 특히 연방공무원법과 연방경찰공무원법 및 연방징계법이 적용된다.

188   구체적 작전과 관련된 지시권한은 그때 그때의 임무를 수행하기 위하여 투입되는 기관의 지휘부가 행사한다. 자문 및 지도를 행하는 기관의 구성원들은 각종의 특권과 면책특권을 갖는다. 각각의 경우에 있어서의 구체적 내용은 접수국(接受國, Empfangsstaat)과의 합의를 통하여 규율된다. 이와 같은 합의는 유럽연합조약 제24조의 절차규정에 따라 이루어진다. 그것은 국제법상의 조약이다. 유럽연합조약에 기초하고 있는 법적 근거들이 작전권한 및 기관의 직원의 지위에 대한 규정을 갖고 있는바, 이 경우에는 유럽연합협약 제14조에 따른 공동규약이 중요하다. EUJUST LEX에 관한 2005/190/GASP 공동행동 제6조, 또는 EU BAM Rafah 에 관한 2005/889/GASP 공동행동 제7조, 제8조가 그러한 예에 해당한다. 따라서 임무의 근거가 되는 법은 다른 국가의 영토에서 경찰공무원이 권한을 행사하기 위하여는 기본적으로 (영토)고권을 가지는 접수국의 관련기관의 동의를 필요로 한다는 속지주의(屬地主義, Territorialprinzip)의 원칙을 고려하고 있다.

8.3. 임무에 대한 재정지원

189   군사문제 또는 국방정책과 관련된 조치들은 국민총생산을 기준으로

하여 유럽연합의 회원국의 부담으로 된다(유럽연합조약 제41조 제2항 제
2문). 실제에 있어서는 유럽이사회의 결의에 기반한 ATHENA 메커니
즘(ATHENA-Mechanismus)*이 지속적으로 적용된다. 공동비용(하나의
회원국에 귀속될 수 없는 비용, 예컨대 본부운영경비)은 ATHENA 메커니
즘에 따라 부담하게 된다.237) 이와 같은 재정은 무엇보다도 위기상황
에 투입되는 군부대와 관련 있다. 법인격을 가진 ATHENA 메커니즘
은 재정문제를 원활하게 처리하는 것을 그 목표로 한다.

군사문제 또는 국방정책과 관련 있는 수단이 문제되는 경우에 그 비용   **190**
은 단지 유럽연합의 재정으로만 부담하는 것이 아니라, 회원국이 부담
하게 된다(유럽연합 조약 제28조 제3항 제2문). 안보정책에 있어서는 활
동의 여지가 인정되어야 하기 때문에 이와 같은 관련성은 좁게 이해되
어야 한다.238) 이에 반하여 유럽안보방위정책(ESVP)이 민간영역에서
행하는 행위나 조치들은 공동외교안보정책(GSAP)을 위한 일반 비용
에 해당되지 않으며, 따라서 —특별한 규정이 없다면— 유럽연합의 재
정으로 행해진다.

---

* 역주: 아테나 메커니즘은 공동외교안보정책과 관련하여 군사적 또는 국방
  정책적 의미를 갖는 작전의 소요경비를 마련하기 위한 지속적인 메커니즘
  을 말하는바, 이에 관하여 자세한 것은 https://de.wikipedia.org/wiki/
  Athena_ (EU) 참조.

237) Beschluss 2004/197/GASP vom 23. Februar 2004 über einen Mechanismus
  zur Verwaltung der Finanzierung der gemeinsamen Kosten der Operationen
  der Europäischen Union mit militärischen oder verteidigungspolitischen
  Bezügen, ABl. L 63 vom 28. Februar 2004, S. 68.

238) *Regelsberger/Kugelmann*, in: Streinz (Hg.), Art. 28 EUV, Rn. 9.

8.4. 사례: EUPOL 아프가니스탄(EUPOL Afghanistan)

191   미국에서 2001년 9월 11일의 테러공격이 있은 이후 2001년 9월 12일
의 UN 안전보장이사회 결의 1368을 근거로 2001년 10월에 "항구적
자유작전(Operation Enduring Freedom)"이라는 이름의 작전이 시작되었
다. 아프가니스탄은 그 영토에 수많은 테러 훈련기지가 있었고, 그에
더하여 미국이 수배중인 오사마 빈 라덴에게 망명을 허락하였기 때문
에 테러리즘의 중심지로 간주되었다.239) 미국은 오사마 빈 라덴과 그
가 이끄는 테러조직 알 카에다(al-Qaida)가 9 · 11 테러공격에 대해 책
임이 있는 것으로 보았다.240)

192   항구적 자유작전에는 UN헌장 제51조에 따라 유럽연합회원국의 군대
가 미국과 다른 동맹국의 군대와 함께 국제적 테러공격에 대한 군사적
대응에 참여하였다. 공동외교안보정책(GSAP) 영역에서의 유럽연합
의 활동은 이러한 군사적 행동과는 구분되어야 한다. 공동외교안보정
책(GSAP) 영역에서의 유럽연합의 활동은 군사적 행동이 아니라, 아프
가니스탄의 재건을 안정적으로 추구하는 것을 그 목적으로 한다

193   소위 아프가니스탄 평화협상(Afghanistan-Konferenze)이 국제공동체의
아프가니스탄 개입에 대한 근거를 제공한다. 먼저 제1차 아프가니스
탄 평화협상은 본(Bonn)의 페터스베르크(Petersberg)에서 아프가니스
탄의 재건을 위한 법적 근거의 제공을 위하여 개최되었다(2001년 11월
27일에서부터 동년 12월 5일까지). 이어서 런던(2006년 1월 31일에서부터 동
년 2월 1일까지), 파리(2008년 6월 12일)에서 회의가 있었고, 마지막으로

---

239) *Fröhlich*, Krisenherd Afghanistan, 2005, S. 271 f.
240) *Fröhlich*, Krisenherd fghanistan, 2005, S. 272.

2010년 1월 28일에 런던에서 회의가 개최되었다.

2001년 12월 15일에 벨기에의 라에켄(Laeken)에서 있었던 유럽의사회   **194**
의 최종 결의에서 유럽이사회는 페터스베르크 평화협상과 UN 안전보
장이사회의 관련 결의의 결과를 바탕으로 아프가니스탄의 안전유지
를 목표로 하는 국제공동체의 노력에 동참할 의무를 유럽연합에 부과
하였다.241) 이 경우에 무엇보다도 아프가니스탄의 안전 및 전투부대
의 교육에 기여하여야 한다.242)

그러나 아프가니스탄 경찰에 대한 교육이 처음부터 유럽연합의 관할   **195**
이었던 것은 아니다. 처음에는 독일이 이와 관련하여 주도적 역할을
수행하였다. 아프가니스탄 재건절차의 시작은 2002년 4월 2일 카불에
서였다.243) 이는 독일만으로는 단지 소수의 경찰공무원들만을 교육할
수 있을 뿐이며, 아프가니스탄 경찰에 대한 교육은 유럽연합을 통하여
앞으로도 계속 행해져야 한다는 것을 그 배경으로 하였다. 2007년 5월
30일에 유럽안보방위정책(ESVP) 미션 2007/369/GASP가 제정되면
서 EUPOL 아프가니스탄의 설치를 통하여 유럽연합의 지위변화를 위
한 첫 번째 절차가 성공적으로 수행되었다. 공동규약 2007/369/GASP
는 수차에 걸친 유럽이사회의 결의를 통하여 변경되었다.244) 유로폴

---

241) Schlussfolgerungen des Vorsitzes Europäischer Rat, 14./15. Dezember 2001
     Nr.14.

242) Schlussfolgerungen des Vorsitzes Europäischer Rat, 14./15. Dezember 2001
     Nr.14.

243) *Möller/v.Ooyen/Vogel*, Wiederaufbauhilfe für Afghanistans Polizei, 2006, S.
     259.

244) Gemeinsame Aktion 2007/733/GASP, ABl. L 295 vom 14.11.2007, S. 31;
     Gemeinsame Aktion 2008/229/GASP, ABl. L 75 vom 18.3.2008, S. 80;
     Gemeinsame Aktion 2008/643/GASP, ABl. L 207 vom 5.8.2008, S. 43;

아프가니스탄에 있어서는 —집행권한 없이— 무엇보다도 감시, 지도, 자문 및 교육을 통해서 그에게 부과된 임무를 수행한다는 결의가 중요하다(2007/369/GASP 제4조).

196   EUPOL 아프가니스탄의 본부는 아프가니스탄의 수도인 카불에 있다 (2007/369/GASP 제5조). 본부는 작전지휘(고위 보안자문관을 포함한 자문센터 자문국)뿐만 아니라 행정기구로서의 역할도 수행하고 있다. 그러나 EUPOL Afghanistan 임무영역은 수도에 국한되어 있는 것이 아니라 아프가니스탄의 전 영역을 포함한다. 그러한 임무는 카불, 마자하리, 쿤두스, 파이자바드 및 헤랏의 5개 경찰주둔부대의 임무와 14 또는 15개의 주 재건팀(Provincial Reconstruction Teams: PTRs)의 임무로 대표된다.245) 19개 유럽연합국가 외에 4개의 비유럽국가가 미션에 참여하고 있다. 제3국의 참여는 공동규약 2007/369/GASP에 따라 가능하다.246) 유럽연합과 캐나다, 노르웨이, 크로아티아, 뉴질랜드 국가 간에 양자조약이 체결되었다.

197   유능하고 신뢰성 있으며 인권을 존중하는 경찰의 교육, 수도와 지역

Gemeinsame Aktion 2009/842/GASP, ABl. L 303 vom 18.11.2009, S. 71.

245) BT-Drs. 16/6703, S. 4.

246) 예컨대 아프가니스탄에 있는 유럽연합의 경찰미션에 크로아티아의 참여에 관한 유럽연합과 크로아티아 간의 협약체결에 관한 유럽연합이사회의 결의 2007/665/GASP, ABl. L 270 vom 13.10.2007, S. 27; 아프가니스탄에 있는 유럽연합의 경찰미션에 크로아티아의 참여에 관한 유럽연합과 크로아티아간의 협약, ABl. L 270 vom 13.10.2007, S. 28; 아프가니스탄에 있는 유럽연합의 경찰미션에 뉴질랜드의 참여에 관한 유럽연합과 뉴질랜드 간의 협약체결에 관한 유럽연합이사회의 결의 2007/670/GASP, ABl. L 274 vom 18.10.2007, S. 17; 아프가니스탄에 있는 유럽연합의 경찰미션에 뉴질랜드 참여에 관한 유럽연합과 뉴질랜드 간의 협약, ABl. L 274 vom 18.10.2007, S. 18.

경찰본부 및 지방에 있는 아프가니스탄 경찰지휘부 및 결정권자들에 대한 멘토링과 자문, 법치국가적 시스템의 구축에 대한 지원 및 다양한 국제기관의 기여도 조정이 이 미션의 목표이다.

9. 유럽연합 내에서, 그리고 유럽연합을 통한 국제 테러리즘에의 대처

사법 및 내무와 관련된 정책영역은 테러리즘에의 대처를 위한 활동으로 각인되어 있다.[247] 테러리즘에의 대처는 유럽연합의 협력의 대상으로서 유럽연합조약 제31조 제1항 e에 명시적으로 규정되어 있다. 그에 따른 공동대처는 테러에 대한 형벌(규정)을 동일하게 하는 조치를 인정하는 것을 포함한다. 그와 함께 유럽연합은 유럽연합조약 제34조에 따른 조치를 통하여, 특히 기본결의를 통하여 테러행위에 대한 소추를 개선할 권한을 갖는다. 그것 이외에 특별한 사실관계에 대한 특별한 권한이 인정되는바, 그러한 권한은 테러행위의 지원 및 실행을 위한 경제적 행위에 있어서는 유럽공동체조약으로부터 도출될 수 있다.

198

2001년 9월 11일(즉, 9·11사태) 이후에 곧바로 유럽연합은 테러행위의 방지, 소추 및 처벌을 위한 다수의 조치를 담은 행동계획을 결의하였다. 이미 2001년 12월 27일에 구속력 있는 법률행위를 포함한 구체적인 조치가 의결되었다. 유럽연합이사회는 테러리즘에 대처하기 위한 일반적 공동입장과[248] 특별한 공동입장[249]을 받아들였다.

199

---

247) *Gusy*, Goltdammer's Archiv für Strafrecht 152 (2005), 216; *Kugelmann*, Polizei-heute 1/2011, S. 17 und 2/2011, S. 17.

248) 테러리즘에 대한 대처에 관한 유럽연합이사회의 공동입장 2001/930/GASP, ABl. L 344 vom 28.12.2001, S. 90.

200   돈세탁 지침의 변경은 테러리즘에 대한 재정지원에 대처한다는 목표
의 달성에 기여한 바가 크다.[250] 또한 유럽연합이사회 규정 Nr.
2580/2001은 테러리즘의 재정적 근거를 고갈시키는 것을 목적으로
하는 것이었는바, 특히 자금동결과 관련된 것이었다.[251] 테러혐의 리
스트에 올라 있는 사람이 이와 관련 있다. 한편 테러혐의가 있는 사람
이나 조직의 리스트는 유럽이사회의 결의를 통해 지속적으로 업데이
트되는바,[252] 그러한 결의는 직접적으로 사법적 심사의 대상이 될 수
는 없다.[253]

201   2002년 6월 13일의 테러방지를 위한 기본결의[254]는 테러행위에 대한
회원국의 (형벌)규정을 동일하게 하는 것을 그 내용으로 하였는바, 이것
은 예컨대 독일형법 제129a조와 같은 새로운 규정을 만들게 되는 결과
를 초래하였다. 기본결의는 유럽연합 전역에 걸치는 테러리즘의 퇴치를
위한 유럽연합차원의 형법내용을 만드는 것을 목표로 하였다.[255]

202   테러리즘의 퇴치는 필연적으로 개인의 권리를 침해하는 조치와 관련

---

249) 테러리즘에 대한 대처를 위한 특별한 조치의 적용에 관한 공동입장
   2001/931/GASP, ABl. L 344 vom 28.12.2001, S. 93.
250) 유럽공동체 지침 2001/97/EG, ABl. 2001 L 344 vom 28.12.2001, S. 76.
251) 테러리즘에의 대처를 위한 ―특정인 또는 특정집단에 대한― 특별한 조치
   에 관한 유럽연합이사회 규정 Nr. 2580/2001 ABl. L 344 vom 28. 12.2001, S.
   70.
252) 예컨대 2004년 4월 24일의 유럽연합이사회 결의 2004/306/EG, ABl. L 99,
   S. 28.
253) 이러한 점을 이유로 비판적 견해를 제시하고 있는 것으로는 *Gusy*,
   Goltdammer's Archiv für Strafrecht 152 (2005), 216 (226).
254) 테러리즘에의 대처를 위한 유럽연합이사회의 기본결의 2002/475/JI, ABl.
   L 164, S. 3.
255) *Hecker*, Europäisches Strafrecht, § 11, Rn. 53 ff.

된다. 그러한 침해조치가 유럽법 또는 보편적 국제법에 근거하는 경우에는 법적으로 복잡한 문제가 발생할 수 있다. 법질서의 상호교차는 피할 수 없다. 이와 관련하여 개인의 법적 지위가 비례의 원칙에 반하게 제한될 수는 없다는 것을 유의해야 한다.256) 역내국가의 법과 마찬가지로 유럽연합법 또한 개인적 권리의 보호를 보장한다. 당사자에게는 다양한 법원(法源)으로부터 인정되는 기본권이 부여되어 있으며, 당사자는 자신의 권리를 효과적으로 관철하고 사법적으로 방어할 수 있어야 한다.

사 례 257)   A는 국제 테러리스트 네트워크에 가입하거나 적어도 이를   **203**
지원한다는 혐의를 받고 있다. UN 안전보장이사회는 A를 테러혐의자 명단에 올릴 것을 결의한다. 유럽연합은 테러혐의자에 대하여 재정적 제재를 부과할 수 있는 유럽연합규정을 발한다. 그에 근거하여 A의 재산이 관할 역내국가의 관청에 의해서 동결된다. 이러한 유럽연합규정에 대하여 A가 무효확인소송을 제기한다. 유럽사법재판소는 효과적인 권리구제의 원칙에 우선권을 인정하여 해당 유럽연합규정을 무효라고 판시한다.258)

---

256) *Gusy*, Golddammer´s Archiv für Strafrecht 152 (2005), 216 (223 ff.).
257) EuG, Rs. T-206/01 und T-315/01 (Ahmed Ali Yusuf und Al Barakaat Foundation sowie Yassin Abdullah Kadi / Rat und Kommission), Slg. II-3469.
258) EuGH, Rs. C-402/05 P, Slg. 2008, I-6351.

사례연습

Ruthig, Europa ohne Grenzen, ZJS 2011, 63. (Examensniveau)

확인문제

❶ 역내국가법의 적용과 관련하여 유럽연합시민권으로부터 나오는 결론을 열거해 보라.(Rn. 20 이하)

❷ 「유럽연합의 운영에 관한 조약」상의 물품교역의 자유는 공공의 안녕이란 경찰법상의 개념을 이해하는 데 어떠한 영향을 미치는가? (Rn. 57 이하)

❸ 인권침해를 이유로 영업활동의 금지를 명한 유럽사법재판소의 레이저드롬-판결(Laserdrome-Urteil)이 있은 후에, 독일의 질서관청은 어떠한 활동의 여지를 가지는가? (Rn. 64 이하)

❹ (통신)자료의 예비적 저장에 관한 유럽공동체지침의 본질적 내용은 무엇인가? (Rn. 67 이하)

❺ 유럽연합국가의 경찰관청 사이에서 어떠한 개인관련 정보가 교환될 수 있는가? (Rn. 104 이하)

❻ 유럽의 경찰협력과 관련하여 정보보호의 법적 근거와 문제를 설명해 보라.(Rn. 96 이하, 128 이하)

❼ 유로폴은 무엇을 그의 임무로 하는가? (Rn. 132 이하)

❽ 어떠한 법적 근거에 기초하여, 그리고 어떤 목표로 유럽연합은 아프가니스탄 또는 팔레스타인에서 경찰 미션을 수행하는가? (Rn. 174 이하)

제2장

국제법의 영향과 국제법규정

법학교육에 있어서 '안전'과 '국제법'의 연관성은 국제법의 핵심적 영역
에서 더욱 중요한 역할을 한다. 우리는 국제법에서 역내국가의 경찰-질
서법에 영향을 미치는 일련의 법조항들을 찾아볼 수 있다. 물론 국제
법은 완결된 하나의 법영역이 아니라, 그 중요도에 있어 상당한 차이
가 있는 개별적 측면을 갖고 있는 법영역이기는 하다. '안전'이란 개념
은 다양한 관점에서 바라보았을 때 국제법적인 개념이다.[1]

1

국제법은 국가간의 협력을 위한 규정을 제공할 뿐만 아니라, 역내국가
의 경찰-안전법에 대하여 구속력을 갖는 기준을 암시하거나 그것을 확
정하는 **조약법상의 규정**을 갖고 있다. 이와 관련하여 국제법의 주체,
특히 국가나 국제기구는 특정한 문제를 대상으로 하여 그들 문제를
해결하기 위한 방식으로 활동하는 경우가 대부분이다. 또한 그들은 예
컨대 자금세탁을 방지하거나 항공기납치로부터 민간항공기를 보호하
기 위한 조약을 체결하기도 하는바, 조약체결의 당사국은 이들 조약에
따라 특정한 조치를 취할 의무를 부담한다. 둘 또는 그 이상의 국가가
특정한 조치, 예컨대 조약에 합의하여야 하기 때문에 그와 같은 합의
는 언제나 절충적 성격을 띠게 마련이다. 어떠한 국가도 자국(自國)의
법전통이나 자국의 법을 지배하는 법적 개념을 국제법적 영역에서 완
전히 관철할 수는 없다.[2]

2

독일의 법질서의 관점에서 보았을 때 이러한 규정은 위험방지와 형사
소추의 구분과 관련있는데, 다만 위험방지와 형사소추의 구분은 국제
법적 차원에서는 명시적으로 지지를 받지는 못하고 있다. 국제법상의
규율과 국내법 간의 관계 및 그의 효력은 독일기본법 제24조, 제25조,

3

1) *Kugelmann*, in: FS Bothe 2008, S. 175.
2) *Schweitzer*, Staatsrecht III, 10. Aufl. 2010, Rn. 441 ff.

제59조의 일반규정에 따라 이루어진다.

1. 안전의 세계화(Globalisierung von Sicherheit)*

4   UN이 오늘날 가장 관심을 보이는 테마 중의 하나는 세계의 안전을 강화하고 확보하는 것이다. UN은 안전을 무엇보다도 무력충돌이 없는 것, 그리고 인간의 생명, 신체, 자유 및 재산에 대한 위험이 없는 것으로 이해하고 있다. UN은 평화의 보장을 그 본질적 목적으로 하기 때문에 (UN헌장 제1조 1호), 안전을 넓은 의미의 평화의 개념으로 이해한다. 한편 안전의 보장은 자유와 인권의 보장과 밀접한 관련이 있다. UN 사무총장**은 2005년 3월 21일에「더 큰 자유 속에서: 모두를 위한 발전, 안전, 인권을 위한 길 위에서」라는 보고서를 제출하였다.3) UN 사무총장의 이 보고서는 세계의 안전과 관련하여 소위 "고위 그룹"의 전문가들이 작성하여 2004년 12월 2일에 그에게 제출한 보고서와 연관되어 있다.4)

5   두 보고서는 안전을 위협하는 '국경을 초월하는 위험'들이 동일한 수

---

  * 역주: 안전의 세계화에 대한 비판적인 견해로는 이계수, "유럽연합의 경찰협력체제와 경찰법제에 관한 연구," 민주법학 제28호, 2005, 99쪽 이하 참조.

  ** 역주: 이 보고서를 제출할 당시(2005년)의 UN사무총장은 가나출신의 외교관이자 정치인, 경제학자인 코피 아타 아난(Kofi Atta Annan, 1938~)이었다.

  3) http://www.un.org und http://www.dgvn.de/pdf/Publikationen/a-59-2005-ger_neu.pdf에서 UN-Dok. A/59/2005 vom 21. März 2005를 찾아볼 수 있다.

  4) 보다 안전한 세계: 우리 모두의 책임(A More Secure World: Our Shared responsibility). Report of the High-level Panel on Threats, Challenges and Change, UN Doc. A/59/565 vom 2. Dezember 2004. 이에 관하여는 www.un.org/depts/german/gs_sonst/a-59-565.pdf.

준의 위험이며, 서로 밀접하게 연관되어 있는 것으로 평가하고 있다. 한편 두 보고서는 "가난과 기아는 테러리즘이나 대량살상무기와 똑같이 안전을 위협하는 것이며, 안전은 단지 집단적 안전보장체제를 확립하는 행위와 전체적인 해결방안을 통하여서만 도달될 수 있다. 그러한 해결방안은 구조적 안전을 구축하기 위한 전제조건, 즉 선진국 및 개발도상국의 생존을 확보하기 위한 요구들이 담겨 있는 전제조건을 인정하는 세계적 안전합의를 도출하는 것을 목표로 하여야 한다"는 점을 강조하고 있다.

그러나 지금까지 UN회원국들의 행위에서 이러한 해결방안을 도출하고자 하는 지속적 노력을 찾아볼 수는 없었다.5) 그렇지만 국제적 안전의 개선을 위하여서는 국가의 역할이 중요하다. 국가는 국제기구와 함께 국제법의 주체로서 법을 제정할 수 있고, 특히 조약을 체결할 수 있다.6)   6

국제법의 주체, 특히 국가들이 국제기구를 설립하거나 국제기구에 가입하게 되면, 그들은 기본조약(Gründungsvertrag)으로부터 도출되는 구속력을 인정한다. UN헌장이나 UN규약은 가장 중요한 기본조약이다. UN 안전보장이사회는 UN헌장을 근거로 UN의 모든 회원국에 대하여 구속력을 갖는 결의안을 채택할 수 있다.7) 그와 같은 결의안은 위험방지와 형사소추의 영역에서, 특히 뉴욕과 워싱턴에서 자행되었던 2001년 9월 11일에 테러공격이 있은 후에 채택된 바 있다.   7

UN 안전보장이사회의 결의는 UN헌장 제25조에 따라 그 결의에 구속   8

---

5) *Fues*, VN 4 (2005), 122 (125).

6) *Epping*, in: Ipsen (Hg.), Völkerrecht, 5. Aufl. 2004, §§ 4 ff.

7) Vgl. *Uerpmann*, AVR 33 (1995), S. 107.

되는 나라들에 대해서 효력을 갖는 것이 일반적이다. 그러나 UN 안전 보장이사회가 국가차원 이하의 집단에게도 조치를 취하는 경우가 있다.[8] 예컨대 발칸반도에서의 무력충돌과 관련하여 UN 안전보장이사회가 보스니아계 세르비아인에 관한 규율을 정립한 바 있다.[9] 다른 결의들은 소말리아의 특정 무장단체[10] 또는 앙골라의 UNITA*와 같은 경우에서 볼 수 있는 것처럼 내전(Bürgerkriegsbewegungen)에 관한 것이었다.[11] UN 안전보장이사회는 UN의 회원국에게 일정한 행위를 행할 의무를 구속적으로 지울 수 있다. UN헌장으로부터 나오는 이러한 의무는 다른 조약으로부터 나오는 의무에 선행한다(UN헌장 제103조).

9   UN 안전보장이사회는 평화를 위협하거나 평화를 깨뜨리는 행위를 저지하기 위하여 UN헌장 제7장에 따라 활동한다. 한편 평화유지를 위한 UN헌장 제7장에 따른 개입의 전제조건에 대한 이해는 상황에 따라 차이가 있다.[12] UN 안전보장이사회는 결의를 함에 있어 실질적으로 광범위한 자유영역을 가지고 있다. UN안전보장이사회는 결의를 통하여

---

8) *Fues*, VN 4 (2005), 122 (124).

9) Res. 942 (1994), VN 1994, 225.

10) Res. 837 (1993), VN 1993, 221.

   * 역주: UNITA(National Union for the Total Independence of Angola, 앙골라 완전독립민족동맹)는 MPLA(Popular Movement for the Liberation of Angola, 앙골라해방인민운동)과 함께 앙골라의 포르투갈로부터의 독립을 위해 싸운 앙골라 제2의 정당이다. 그러나 독립 이후에 1956년 사회주의를 표방하며 창당해 구소련의 지원하에 독립운동을 실시해 온 MPLA와 1964년에 창당하여 미국의 지원하에 독립운동을 실시해 온 UNITA(앙골라완전독립민족동맹) 간에 내전이 발생한다. 이후 1976년에 소련 및 쿠바의 지원을 받은 MPLA가 단독집권하게 되는데, 이에 공산주의의 확산을 우려한 미국과 남아프리카공화국이 UNITA를 지원함에 따라 앙골라 내전은 미국과 소련의 대리전 양상으로 변모하였다.

11) Res. 1127 (1997), VN 1998, 64.

12) *Herdegen*, Völkerrecht, 9. Aufl. 2010, § 41, Rn. 10 ff.

확인을 하거나, 우려를 표명할 수 있다. 또한 잘못을 공개하고, 권한을 수여할 수 있으며, 나아가 구체적으로 작위 및 부작위를 행할 의무를 부과할 수도 있다. 다만 결의의 규범적인 한계, 특히 결의에 대한 법적 통제가 결여되어 있다는 것은 학문적 논의의 대상이다.[13)]

2. 국제법에 근거한 예방적 목표설정의 임무

국제법적 차원에서 바라보면 UN의 임무가 진압(Repression)으로부터 예방(Prävention)으로 발전하고 있는 것을 알 수 있다. 독일기본법 제24조상의 집단안전보장체제*는 안전에 대한 침해가 있을 때 그를 복구하는 것뿐만 아니라, 안전에 대한 침해가 발생하는 것을 방지하는 것을 강도있게 추구하고 있다. 그때그때의 사정에 따라 (서로 다른) 국제적 안전단체가 구성되고, 그 단체에게 권한이 이양되기도 한다. 따라서 코소보에서의 안전의 유지는 아프가니스탄이나 수단의 다르푸 등의 비평화지역에서의 안전유지와는 다른 방식으로, 그리고 다른 국제적 안전단체에 의하여 보장된다.

10

UN 안전보장이사회의 결의를 근거로 하는 UN의 임무는 국제법 영역에서의 예방을 위한 기준점이 된다. UN이란 시스템에 있어서 안전보장이사회는 세계평화와 국제안전의 유지에 대한 책임을 짊어지고 있

11

---

13) *E. Klein/S. Schmahl*, in: Graf Vitzthum (Hg.), Völkerrecht, 5. Aufl. 2010, 4. Abschn., Rn. 152 m.w.N.

* 역주: 독일기본법 제24조 제2항은 "연방은 평화유지를 위하여 상호집단안전보장체제에 가입할 수 있다. 이 경우 유럽, 그리고 전 세계의 평화적이고 항구적인 질서를 확립하고 보장하기 위하여 자신의 고권력의 제한에 동의할 수 있다"라고 하여 이른바 집단안전보장체제를 규정하고 있다.

다(UN헌장 제24조 제1항). UN의 평화(유지)임무는 20세기 동-서 대립의 시대에는 주로 무장폭력으로부터 평화를 유지하는 것에 기여하였다. 한편 1990년대 이후에는 다양한 방식으로, 그리고 여러 기구들이 투입되어 넓은 의미의 평화를 유지하여야 할 임무가 증가하였는바, UN의 위임을 받아 투입되는 경력(警力)이 수행하는 안전과 질서의 유지임무는 경찰법적 성격을 갖고 있다.

12   이러한 집단안전보장체제 내에서는 여러 국가들 또는 국가그룹이 평화와 공공의 안전을 구축하고 유지하는 데 기여하는 매우 다양한 임무를 수행한다. 평화를 구축하고 유지하는 성격을 가진 군사적 임무는 휴전을 이끌어 내거나, 내전상황에서 벌어지는 폭력적 충돌을 종결시키거나, 분열되어 가는 또는 분열된 국가 내에서의 질서의 유지를 목표로 한다.

13   이것 이외에도 ―내부적으로 공공의 안전의 보장과 관련된 것이고 무력충돌을 초래하지 않기 때문에― 그의 위임이나 내용을 고려할 때 경찰임무로 볼 수 있는 임무가 존재한다. 이러한 경찰임무는 자유로운 선거의 시행보장과 관련 있거나 UN이 수행하는 과도기 행정의 일부로 행해질 수 있다. 평화의 보장과 공공의 안전의 보장의 경계는 유동적이고, 모든 임무는 각기 고유한 특징을 지니고 있다.

14   **사 례**   2002년 3월 28일 UN 안전보장이사회 결의안 1401호에 근거하여 "UN 아프가니스탄지원단(UNAMA, United Nations Assistance Mission in Afghanistan)"의 파견이 결정되었고, 그 후 결의안 1746호, 1806호 및 1917호를 통해 2011년 3월 23일까지로 지원단의 존속기한이 연장되었다.* 카불에 있는 지원본부 이외에 8개의 지역사무소 및 다수의 지부사무소와 연락사무소가 존재한다. 지원임무는 매우 다양하지만, 지

원단은 모두 예방적 평화유지의 영역에서 움직이고 있다. 아프가니스탄 정부와의 협력 속에서 아프가니스탄 대통령을 선출하는 첫 번째 Loja Jirga** 선거를 위한 규칙이 확정되고, 2004년 10월 9일의 대통령 선거 및 2005년 9월 18일의 국회의원선거가 UNAMA에 의해 행해진 것이 그러한 예에 해당한다.

독일은 2002년 4월 2일부터 2007년 6월 15일까지 아프가니스탄 경찰의 재건을 위한 국제적 노력에 협력하였다. 유럽연합은 2007년 5월 30일의 유럽연합 공동외교안보정책(GASP)의 2007/369/GASP을 통해 아프가니스탄 경찰의 교육을 인수하였다. 유럽연합 공동안보방위정책(GSVP)에 따른 아프가니스탄 주둔 유럽경찰의 임무***는 다음의 목표를 추구한다.

- 효율적이고 신뢰할 수 있는, 그리고 인권을 존중하는 경찰의 교육
- 수도, 지구별 경찰본부 및 지방에 있는 아프가니스탄 경찰의 지휘부와 의사결정권자에 대한 멘토링과 자문
- 법치국가 시스템구축에 대한 지원
- 다양한 국제평화유지기구 간의 분담금 조정

독일은 유럽연합 공동안보방위정책에 참여하는 것 이외에도 아프가니스탄에 있는 독일경찰 프로젝트팀(German Police Project Teams: GPPT)을 통하여 앞으로도 계속하여 활동한다.

---

* 역주: 이 부분은 원저자인 Kugelmann교수가 이 부분을 집필할 당시를 기준으로 하여 서술한 내용인데, UNAMA는 2017년 4월 현재까지도 존속하고 있다.

** 역주: 로야 지르가(Loja Jirga)란 아프가니스탄 종족 대표자회의를 말한다.

*** 역주: 아프가니스탄 주둔 유럽경찰의 임무(European Union Police Mission in Afghanistan)에 관하여 자세한 것은 다음의 웹사이트참조: http://www.eupol-afg.eu/.

15   UN은 특정한 상황하에서는 어떤 국가의 영토내에서 고권력(高權力, Hoheitsgewalt)을 행사하기도 한다.[14] 이와 같이 UN이 고권력을 행사하는 것은 UN 회원국의 고권력 행사에 부가하여, 또는 예외적으로 그를 대신하여 일어날 수 있다. 과도기 행정하에서는 UN이 관련된 지역에서 입법, 행정 및 사법에 대한 책임을 진다. 역내국가의 정치적 변형과정을 민주적 정치시스템으로 유도하는 것이 중요하다. 평화는 초국가적인 고권력행사를 통하여 준비되고 달성되어야 하는바, 그 핵심은 UN 안전보장이사회의 결의를 바탕으로 형성되는 "사실상의 보호자(de facto-Protektorate)"로서의 역할이다. 그것을 '확고한 보호지역'으로 부르기도 한다.[15]

16   **사 례** [16]   인도네시아로부터 분리된 동티모르 지역은 먼저 UN에 의하여 독립으로 나아가는 과도기적 행정이 행해졌고, 선거가 준비되어 시행되었으며, 새로운 국가 Timor-Leste가 독립되게 되었다.

특별할 정도로 복잡한 상황을 보여 주었던 코소보의 경우 UN 안전보장이사회는 1999년 과도기 행정이 행해질 것을 결의하였다.[17] 미션 초기에는 전투부대가 그곳에서 안전과 질서유지의 임무를 수행하였고, 형사소추 권한을 행사하였다.[18] UN의 행정권한은 기능적으로는 법률에 해당되는 "규칙(regulations)"을 통하여 수행되었다.[19] 그러한 과정을 거쳐 코소보는 국가로서 독립을 선포하였고, 독일을 포함한 세계의 많은 국가들은 코소보의 독립을 인정하였다.

---

14) *Herdegen*, Völkerrecht, 9. Aufl. 2010, § 41, Rn. 28.
15) *Frowein*, in: Festschrift für Rudolf, 2001, S. 43.
16) *Bothe/Marauhn*, in: Tomuschat (Hg.), Kosovo and the International Community, 2001, S. 217; *Ruffert*, ICLQ 50 (2002), 613; *Stahn*, ZaöRV 61 (2001), S. 107.
17) S/RES/1244 (1999) vom 10.6.1999 (= VN 1999, S. 116).
18) *Dreist*, NZWehrR 2002, 45.
19) Vgl. *Hobe/Griebel*, in: Festschrift für Ress, 2005, S. 141.

UN은 미션을 위해 부대를 파견하는 국가들의 준비상황을 고려하여   **17**
결정을 행한다. 이와 같은 준비상황은 위협을 가하는 리스크, 재정적
고려 및 구체적 사안에서의 정치적 고려 등을 기준으로 판단된다. UN
안전보장이사회는 위기상황에서 개별 국가들 또는 국가그룹에게 그
에 개입할 권한을 부여하는바,[20] 이는 무엇보다도 UN 안전보장이사
회는 자신의 전투부대를 가지고 있지 않기 때문이다. 최근 리비아에서
의 사례가 그러하였다.[21] 2001년 3월 17일 UN 안전보장이사회의 결
의안 1970호를 리비아의 관청들이 준수하지 않자, 그에 대한 반작용으
로 UN 안전보장이사회는 2011년 3월 17일 결의안 1973호를 의결하
였다. 이것은 리비아 상공에 항공금지구역의 설치가능성 및 리비아국
민 보호를 위한 "필요한 조치"를 규정한 것인데, 이를 통하여 외국군에
의한 리비아 영토의 점령은 어떠한 경우에도 배제되게 되었다.

평화유지군(Friedenstruppen)의 유지를 위한 분담액은 사무총장이 대표   **18**
하는 UN과의 합의를 근거로 회원국들이 정한다. UN헌장 제42조에
따른 어떠한 특별 협정도 체결되지 않았기 때문에 UN은 1990년대 중
반 이후 "차입예약협정(Standby Arrangement)"의 체결을 위하여 많은 노
력을 기울이고 있다. 독일은 평화유지군의 신속한 투입을 위하여 평화
유지군을 유지하기 위한 분담액을 부담할 준비가 되어 있음을 천명하
였다. 차입예약협정은 지금까지 60여 개국과 체결되어 있다.

UN군의 지위는 접수국(Empfangstaat)과 체결하는 「UN군 지위에 관한   **19**
협정(Aufenthaltsvertrag)」에 따라 규율된다. UN 총회는 이와 관련하여
협정의 모델을 의결하였다.[22] 이와 관련하여 체결된 「평화유지인력

---

20) 예컨대 IFOR/SFOR-Aktion zur Durchsetzung des Dayton-Abkommens,
   S/Res. 1031 vom 15.12.1995.
21) 안전보장이사회의 결의 1970, 1973 (2011).

및 보조인력의 보호에 관한 협정」이[23] 발효되었다.[24]

3. 안전법적인 내용을 가진 국제조약

20   국제법의 영역에는 안전법적 측면을 가진 조약을 통한 합의들이 존재한다. 다만 경찰-질서법적인 의미에서의 공공의 안전유지를 중점적 내용으로 하는 국제법상의 합의는 거의 찾아보기 어려운데, 그 이유는 이와 같은 임무는 역내국가의 영역에서 이루어지고 있기 때문이다. 그렇지만 오늘날에는 범죄의 국제화로 인하여 특히 범죄의 퇴치에 있어 국제적 협력의 필요성이 강화되고 있으며, 이로 인하여 한편으로는 두 나라 간에 체결되는 양자조약(兩者條約), 다른 한편으로는 다수의 조약 당사국 간에 체결되는 다자조약(多者條約)이 체결되고 있다. 안전법적인 요소를 가진 중요한 양자조약으로는 인접국가사이에 체결되는「국경을 초월하여 발생하는 재난방지를 위한 협약」이나 「경찰협약」 등을 들 수 있다.

21   **사 례**   2002년 3월 1일에 발효된 독일과 스위스 간의 경찰협약[25]은 정보교환을 포함한 일반적인 형태의 협력 이외에 추적, 신분을 위장한 경찰공무원의 투입 및 통제배달(kontrollierte Lieferung)*과 같은 특별한 형태

---

22) GA/Res. 45/594.

23) GA/Res. 49/59.

24) *Bothe*, in: Vitzthum (Hg.), Völkerrecht, 5. Aufl. 2010, 8. Abschn., Rn. 38.

25) 1999년 4월 27일의「경찰 및 사법적 협력에 관한 독일과 스위스간의 협약」
 (Vertrag zwischen der Bundesrepublik Deutschland und der Schweizerischen
 Eidgenossenschaft über die polizeiliche und justizielle Zusammenarbei)에 관
 하여는 BGBl. 2001 II, S. 946.

 * 역주: 통제배달(kontrollierte Lieferung)이란 수사기관에서 자신의 나라에서

의 협력을 규정하고 있다.26)

독일이 인접국가와 체결한 경찰협약은 상대국가에 따라서 그 내용과   22
범위에 상당한 차이가 있는바, 독일이 국경을 맞대고 있는 인접국가와
체결한 경찰협약으로는 다음과 같은 것이 있다.

● 벨기에, 2002년 3월 27일 협약 (연방입법관보 2002 II S. 1532)

● 덴마크, 2001년 3월 21일의 협약 (연방입법관보 2002 II S. 1536),

● 프랑스, 1997년 10월 9일의 협약 (연방입법관보 1998 II S. 2479)

● 룩셈부르크, 1995년 10월 24일 협약 (연방입법관보 1996 II S. 1203)

● 네덜란드, 2005년 3월 2일 협약 (연방입법관보 2006 II S. 194)

● 오스트리아, 2003년 11월 9일 및 12월 19일의 협약 (연방입법관보
  2005 II S. 1307)

● 폴란드, 2002년 2월 18일의 협약 (연방입법관보 2003 II S. 218)

● 스위스, 1999년 4월 29일 협약 (연방입법관보 2001 II S. 945)

● 체코공화국, 2000년 9월 19일의 협약 (연방입법관보 2002 II S. 790)

공공의 안전의 유지에 관한 규정은 다자조약에서도 발견된다. 둘 또는   23

마약 등의 압수를 포기하고 그에 대한 지속적인 관찰하에 마약 등의 배달을
가능하게 한 뒤에, —경우에 따라서는 스스로— 마약 등의 목적지(배달지)에
서 체포를 위하여 기다리는 형태의 수사방식을 말한다. 국제조직범죄, 특히
마약범죄에 대한 수사방식의 한 형태로 등장한 통제배달에 관한 자세한 사안
은 https://www.cilip.de/1994/12/24/operative-zusammenarbeit-ueber-gre
nzen-verdeckte-aktionen-und-kontrollierte-lieferungen/ 참조. 아울러 통제배
달에 관한 국내에서의 논의에 대하여는 이경렬, "국제조직범죄에 대한 통제
배달기법의 활용: 특히 국제마약사범을 중심으로," 형사정책연구 통권 제57
호, 245쪽 이하; 예상균, "마약수사에서의 통제배달기법고찰," 법과 정책연
구, 제15집 제2호, 665쪽 이하 참조.

26) *H.-J. Cremer*, ZaöRV 60 (2000), 103; Hecker, Europäisches Strafrecht, 3. Aufl.
2010, § 5, Rn. 79 ff.

그 이상의 국가가 안전법과 관련하여 합의를 하는 경우, 그러한 합의
는 대부분 합의가 가능했었던 특별한 규율대상과 관련된다. 특히 사법
공조(司法共助, Rechtshilfe) 또는 특별한 형태의 범죄의 퇴치와 관련된
규정이 그러한 것들이다.

24   **사 례**   부패방지는 경제협력개발기구(OECD)의 틀 안에서 성립된 협
약에 의해 규율된다.[27]

1956년 국제형사경찰기구(인터폴, Interpol)의 설립은[28] 국가 경찰관
청 간의 협력을 목적으로 한다.[29] 독일의 경우 국제형사경찰기구의 국가
연락사무실은 연방범죄수사청(Bundeskriminalamt, BKA)이다(연방범죄
수사청법 제3조). 한편 경찰관청은 직접적으로 상호 연락을 할 수도 있는
바, 가장 중요한 사례로는 국제수배를 들 수 있다.[30]

25   국제범죄가 증가하는 것과 관련하여, 국가들이 협력하여야 그에 대한
수사가 용이한 특별한 형태의 범죄행위가 등장하고 있다. 협력의 전제
조건과 규칙을 명확히 규정하고 있는 조약이 이러한 협력의 근거가 된
다. 조약은 역내국가의 의회의 승인을 받아야 하기 때문에 조약에 규
정되어 있는 침해(개입)에 대한 의회의 통제가 보장된다.

26   **사 례**   컴퓨터 범죄의 퇴치를 위하여 유럽이사회에서 2001년 11월 23
일에 「데이터 네트워크 범죄에 관한 협약」,[31] 즉 소위 사이버범죄협약이

---

27) 1997년 12월 17일의 「국제상거래에 있어 외국공무원의 뇌물수수퇴치를
위한 협약」에 관하여는 BGBl. 1998 II, S. 2327 참조. 한편 동 협약은 1998년 2
월 15일에 발효하였다.

28) Auf der Grundlage der Internationalen Kriminalpolizeilichen Kommission von
1923.

29) *Hecker*, Europäisches Strafrecht, § 5, Rn. 3.

30) *Mokros*, in: Lisken/Denninger, O Rn. 81 ff.; *Schenke*, POR, Rn. 463.

31) 보다 자세한 것은 *Kugelmann*, Telekommunikations- und Medienrecht

의결되었다.[32] 동 협약은 2004년 7월 1일 발효되었고, 지금까지 46개국에서 국내법 규정으로 받아들여졌다. 독일에서는 사이버범죄 협약이 2009년 7월 1일 발효되었다.[33] 유럽이사회의 구성원이 아닌 이스라엘, 캐나다, 남아프리카, 미국 등의 국가도 이 협약에 가입되어 있는데, 이는 동 협약은 모든 국가에 가입이 개방되어 있기 때문이다.

사이버범죄협약은 특정한 범죄의 형사소추를 위한 공동기준을 확정하기 위한 다자조약이다. 동 조약은 국제적 협력을 가능하게 하기 위하여 조약당사국인 국가들이 소추하여야 할 범죄행위의 목록을 담고 있다. 유일한 실체적 규정은 아동포르노의 처벌에 관한 규정이다. 협약의 중점은 국제협력 규정에 있다.

데이터 네트워크 범죄와 관련하여 몇몇 국가들은 단순히 협력을 개선하는 수준을 넘어서서 실체적 규정(의 설정)에 합의할 필요성을 가진다. 그를 위한 수단이 바로 국제법상의 조약이다. 구체적인 경우에 가입자격은 기본조약에 가입되어 있는지 여부와 연계될 수 있다.   **27**

사 례 사이버범죄협약의 가입국들은 추가협정(Zusatzprotokoll)에 가입할 수 있다. 독일은 2003년 1월 28일의 인종적, 컴퓨터시스템을 이용한 인종차별적 행위나 외국인 적대적 행위의 범죄화와 관련하여 추가협정에 서명하였다.[34]   **28**

형사사안에 있어서 사법적 협력과 관련하여 유럽연합은 이러한 테마에 주목하였다. 정보시스템에 대한 공격에 관한 유럽이사회의 2005년 2월

(TMR) 2002, 14.

32) SEV Nr. 185.

33) 2001년 11월 23일의 컴퓨터범죄에 관한 유럽이사회의 결의(Übereinkommen des Europarates über Computerkriminalität)에 관하여는 BGBl. 2008 II S.1242. 한편 동 결의는 2009년 7월 1일부터 독일에서도 효력을 발하였다(BGBl. 2010 II S. 218).

34) SEV Nr. 187.

24일의 2002/222/JI 결의는 유럽연합의 모든 가입국가, 따라서 독일에 대
해서도 구속력을 가진다.[35] 그것은 34개의 협약당사국에서 발효되었다.
협약당사국은 특정한 내용을 컴퓨터시스템을 통하여 확산시키는 것을 형
벌에 처할 의무를 부담한다.

협약은 역내국가의 형법규정을 균등화시키는 것을 그 목적으로 한다.
이것은 특히 권한 없는 자에게 컴퓨터 시스템에의 접근을 보장하거나 위
법한 시스템 침입(해킹)과 같은 행위에 대한 처벌규정과 관련 있다. 기본
적 결의가 폐지되었기 때문에 사이버범죄 지침이 제정되어야 한다.

4. 국제형법

29   국제형법(Völkerstrafrecht)은 점차 중요한 의미를 가지게 되었다.[36] 그
것은 역내 국가의 법질서에 따른 형사소추권(Strafanspruch)의 확장과
관련된 '국제적 형법(internationales Strafrecht)'과는 구분된다. 국제적 형
법과 달리 국제형법은 실체적 형법이다. 그것은 개인에 대한 실질적
가벌성(可罰性), 즉 형벌부과 가능성을 뒷받침하는 국제법 규범이다.

30   전통적으로 **국제적 형법**은 국제법적 규율의 중요한 출발점이었다. 이
것은 실체적 형법의 영토관련성을 내용으로 하는 국가의 영토고권(領
土高權, Gebietshoheit)의 표현이다. 주권이 인정되는 결과, 국제적 형법
의 규정은 역내국가의 입법권력에 따른다.

31   독일의 경우, 국제적 형법에 따른 형사소추권과의 연결점은 형법전에 규

---

35) ABl. Nr. L 69 vom 16.3.2005, S. 67; 이 결의를 국내법으로 규정하여야 할 기
한은 2007년 3월 16일까지이다.
36) *Werle*, Völkerstrafrecht, 2.Aufl. 2007, A Rn. 73 ff.

정되어 있다(형법 제3조 이하). 이 경우 형법이 적용되는 사안을 확정하는 것이 중요하다. 속지주의(Territorialitätsprinzip)의 원칙은 국가 내의 행위에 대하여 적용된다(형법 제3조). 적극적 속인주의(aktives Personalitäts-prinzip)의 원칙은 자국민의 국외에서의 행위에 대한 가벌성과 관련되고 (형법 제7조 제2항 제1호), 소극적 속인주의(passives Personalitätsprinzip)의 원칙은 자국민을 상대로 한 범행에 관련된다(형법 제7조 제1항).

당해 법익이 처벌을 하는 국가의 국가로서의 지위와 밀접하게 관련되어 있는 경우에는 보호주의(Schutzprinzips)에 근거한 가벌성이 인정된다(형법 제5조). 외국인이 외국에서 행한 범죄에 대하여 행위지에서 처벌되지 않는 경우, 그것이 자국의 국익을 해치는 경우에는 대리적 형사재판의 원칙(Prinzip der stellvertretenden Strafrechtspflege)*에 따라 처벌할 수 있다(형법 제7조 제2항 제2호).37)

국제적 형법이 주권국가의 관례적인 여건(herkömmliche Gegebenheiten)   **32**
에 상응하는 것임에 반하여, **국제형법**은 역내국가의 법과는 독립적으로 범죄에 대한 가벌성의 근거가 된다. 이와 같은 발전단계는 최근 국제법의 가장 중요한 진보 중의 하나이다. 그것은 '협력적 국제법(Kooperations-völkerrecht)'으로부터 '조정적 국제법(Koordinationsvölkerrecht)'으로의 발전과 관련 있는데, 조정적 국제법에서는 개인과 ―행위자이자 법익 보유자로서 점점 더 국가들과의 관련성이 많아지는― 국제기구의 역할이 증대된다.38)

---

* 역주: 대리적 형사재판의 원칙(Prinzip der stellvertretenden Strafrechtspflege)
  이란 외국에서 행해진 범죄에 대하여 재판권을 가진 국가가 처벌하지 않는
  경우에는, 그 국가를 대신하여 재판을 진행하여 처벌할 수 있다는 원칙을
  말한다.

37) 이들 내용에 관하여 자세한 것은 *Hecker*, Europäisches Strafrecht, § 2, Rn. 2
  ff.

38) 이러한 사정에 관하여 일반적인 것은 *Hobe*, AVR 37 (1999), S. 253;

33   국제형법의 대상은 국가 간의 평화적 공존에 반하는 중대한 범죄행위, 예컨대 인권에 반하는 범죄나 대량학살 등이다.[39] 독일은 국제형법을 적용하기 위하여 특별한 국제형법전(Völkerstrafgesetzbuch)을 제정하였다.[40] 동법에는 독일의 형사재판권에 따르는 국제형법상의 범죄가 열거되어 있다.[41] 국제형법전은 범죄행위의 소추에 대하여는 연방검찰청에, 범죄의 재판에 대하여는 고등법원에 관할권을 집중시키고 있다(법원조직법 제120조 제1항 제8호).

34   독일의 검찰과 법원은 수사 및 그에 준하는 절차를 담당하고 있다. 만하임(Mannheim)으로부터 전화 및 인터넷으로 르완다에서 특정 집단의 인권에 반하는 범죄(살인, 집단강간 등)를 명령하였음을 이유로 기소된 피고를 상대로 한 재판절차가 슈투트가르트 고등법원(OLG Stuttgart)에서 개시되었다.

35   실체적 국제형법의 발전은 재판을 통한 법집행메커니즘의 구축과 함께 이루어졌다.[42] 제2차 세계대전이 끝난 이후에 전범(戰犯)의 소추와 처벌을 담당하였던 뉘른베르크와 도쿄의 국제 군사법원에 연이어서, 1990년대 이후에는 특정한 역사적 상황에서 행해진 범죄의 소추를 위한 특별법원이 설치되었다. UN 안전보장이사회의 결의들이 이러한 목적으로 임시로 설치된 형사법원의 법적 근거가 된다.

36   르완다 전범재판소는 르완다에서 행해졌던 대량학살 범죄를 다루

Nettesheim, JZ 2002, 569.

39) *Schröder*, in: Graf Vitzthum (Hg.), Völkerrecht, 5. Aufl. 2010, 7. Abschn., Rn. 44.

40) Gesetz vom 26.6.2002, BGBl. I, S. 2254.

41) *A. Zimmermann*, ZRP 2002, 97.

42) *Herdegen*, Völkerrecht, 9. Aufl. 2010, § 61.

며,43) 헤이그에 설치된 유고슬라비아 전범재판소는 발칸전쟁 과정에서 행해졌던 중요 전쟁범죄를 처벌한다.44) 유고슬라비아 전범재판소는 타디치(Tadic) 사건에서 법적 근거 및 그의 권한에 대한 입장을 그 스스로 표명하였고, UN 안전보장이사회의 넓은 재량영역을 근거로 결의의 적법성을 강조하였다.45)

┃참고┃ 타디치(Tadic) 사건

1996년 5월 7일 뉘른베르크와 도쿄의 전범재판 이후 처음으로 국제전범재판이 열렸는데, 유고슬라비아 전범재판소가 행한 이 전범재판사건의 첫 번째 피고인이 바로 보스니아 세르비아계 정치인인 두스코 타디치(Dusko Tadic)였다. 타디치는 1992년 5월 보스니아계 주민들이 살고 있던 코사라치(Kosarac) 등의 도시에서 당시 회교도와 크로아티아계 주민들을 살해, 고문, 강간한 혐의로 기소되었는데, 1997년 유고슬라비아 전범재판소는 그의 혐의를 인정하여 징역 20년의 유죄판결을 행하였다. 이 사건을 타디치사건이라고 하는바, 타디치 및 타디치사건에 관하여 보다 자세한 것은 https://de.wikipedia.org/wiki/Du%C5%A1ko_Tadi%C4%87 및 http://media.daum.net/breakingnews/newsview?newsid=19960506084000623 참조.

국제형사재판소(Internationale Strafgerichtshof: IStGH)*는 국제법상 중요   37

---

43) S/Res. 955 von 1994.

44) S/Res. 808 vom 22.2.1993, Errichtung des Tribunals; S/Res. 827 vom 25.5.1993, Statut des Tribunals.

45) HRLJ 1995, 437; dazu *Kreß*, EuGRZ 1996, 638.

* 역주: 국제형사재판소의 영어식 표기는 International Criminal Court(ICC)이다. 2002년 7월 1일 설립되었으며 서울대학교 법대 교수 출신인 송상현 교수(민법, 한국·미국 변호사)가 2009년에서 2015년까지 국제형사재판소장을 역임한바 있다. 그는 2003년 아시아그룹 재판관으로 선출되어 ICC와 인

한 의미를 가지는 성과물이다.46) 국제형사재판소의 설립을 통하여 인권을 존중하여야 할 개인적 의무가 강조되었다.47) 독일은 국제형사재판소의 설립과정에 적극적으로 참여하였다. 로마협약을 근거로 설치된 국제형사재판소는 그 본부를 헤이그에 두고 있다. 국제형사재판소는 2004년에 그의 업무를 시작하였으며, 그동안에 일련의 재판절차를 개시하여 진행하여 왔다.48)

38   대량학살, 인권에 반하는 범죄, 전쟁범죄, 침략범죄는 규약에 따라 국제형사재판소가 관할권을 가진다. 국가 내에서 형사절차가 효과적으로 개시되지 못하는 경우에는, 국제형사재판소가 보충적으로 관할권을 행사한다.49) 국제사법재판소는 국제체포영장(internationale Haftbefehle)을 발부할 수 있는바, 국제체포영장은 인터폴을 통하여 집행되고, 따라서 궁극적으로는 구체적 개인을 상대로 역내국가의 경찰기관에 의하여 집행된다.50)

5. 국제테러리즘에 대한 국제법적 대응

39   국제법 영역에서 테러방지를 위한 대처와 조치는 ─ 진압적 요소와 예

연을 맺은 후 2009년까지 국제형사재판소 평 재판관으로도 활동하였다.

46) 독일의 경우「국제형사재판소에 관한 로마협약」(Römischen Statut des Internationalen Strafgerichtshofs)은 2000년 12월 4일의 법률을 통하여 효력이 발생하였다(17.7.1998, BGBl. II S. 1393 참조).

47) Vgl. *Ambos*, NJW 1998, 3743; *Blanke/Molitor*, AVR 39 (2001), 142; 역내국가의 법에 관하여는 *Werle*, JZ 2001, 885.

48) Vgl. die Webseite des IStGH www.icc-cpi.int.

49) *Tomuschat*, EuGRZ 1998, 1.

50) *Ambos*, Internationales Strafrecht, 2. Aufl. 2008 § 12 Rn. 56 ff.; *Hecker*, Europäisches Strafrecht, § 2, Rn. 86 ff.

방적 요소의 혼합물인— 안전보장을 위한 국제적 노력이 어떠한 방식
으로 기능하고 있는가를 명확하게 보여 준다. 이 경우에도 조약에 의
한 합의 또는 UN 안전보장이사회의 결의가 구속력 있는 의무에 대한
법적 근거가 된다.

5.1. 국제법의 대상으로서의 테러리즘

테러리즘이 인류의 재앙[51]이란 사실은 국제법적 영역에서 기본적으   **40**
로 항상 인정되어 왔다. 그러나 테러가 발생한 경우 여러 국가들 또는
국가그룹의 테러에 대한 관점은 매우 상이할 수 있으며, 이로 인하여
구체적 사안에 있어서의 실질적인 합의를 도출하거나 효과적인 조치
를 취하는 것이 곤란한 경우가 많다.[52]

UN에서 테러리즘의 개념은 오랫동안 매우 논란의 대상이 되어 왔   **41**
다.[53] 그 이유는 1989년까지의 냉전기간의 봉쇄정책과 —식민지통치
국가와 독립운동 사이에서의 충돌, 그리고 마침내 일련의 새로운 국가
의 건설을 가져온— 1960년대 이후의 탈식민지화에서 찾아볼 수 있다.
어떤 국가의 관점으로 보면 테러리즘인 것이 다른 국가의 관점에서 보
면 자유를 위한 투쟁일 수가 있는 것이다.
국가사회주의의 붕괴로 인하여 냉전이 종식된 이후 UN에는 화해의
분위기가 도래하였으며, 타협과 합의가 더 쉽게 이루어질 수 있게 되
었다. UN 내에서의 결정 및 테러리즘을 퇴치하기 위한 국제법적 조약

---

51) 이러한 사정에 관한 일반적 내용으로는 *Christian Walter u.a.*, Terrorism as a
   Challenge for National and International Law: Security versus Liberty?, 2004.
52) 이러한 사정에 관하여 기본적인 것에 관하여는 *Delbrück*, in: FS Bothe 2008,
   S. 41.
53) *Tomuschat*, EuGRZ 2001, 535.

의 체결은 이러한 변화와 밀접한 관련이 있다.

42   UN 총회는 테러리즘에 대한 대처활동을 전개하고 있다. UN의 결의
     는 비록 그것이 UN 회원국들을 구속하지는 못한다고 할지라도 정치
     적으로는 중요한 의미를 갖는다. 즉, 이러한 결의들은 정치적으로 어
     떤 상황에 대한 결론이 성립되었다는 것을 암시하기 때문에 다수의 합
     의로서 존중되어야 한다. 총회는 국제테러리즘의 퇴치에 관한 일련의
     결정을 행한다.54)

43   조약이 발효된 나라들에서는 조약상의 합의가 구속력을 발한다. 특별
     한 적용영역을 가진 일련의 조약들은 특별한 맥락에서의 테러행위에
     대처할 목적을 가진다. 국가들 간의 합의는 그와 같은 특별한 적용영
     역과 관련된 제한된 사항에 관하여서만 성립한다. 왜냐하면 국가들은
     그러한 합의의 적용범위가 제한되는 것으로 보기 때문이다.

44   「항공교통의 보호를 위한 협약」(Konventionen zum Schutz des Luft-
     verkehrs)은 1970년대에 일어났던 수많은 비행기 납치사건의 결과이
     다. 조약가입국가에게 특정한 의무를 부과하는 많은 협약들은 항공기
     납치로부터 민항기를 보호하거나 민항기 내에서의 범죄행위를 소추
     하는 것과 관련된다.55) 몬트리올조약의 규정들은56) 항공기 기내에서
     행해지는 범죄행위의 소추를 규정하고 있다. 형사소추에 대해 관할권

---

54) 예컨대 A/RES/49/60 vom 9. Dezember 1994 (1995년 2월 17일에 공포);
    A/RES/51/210 vom 17. Dezember 1996 (1997년 1월 16일에 공포).

55) *Fischer*, in: Ipsen (Hg.), Völkerrecht, 5. Aufl. 2004, § 55, Rn. 51 ff.

56) 1971년 9월 23일의 「민간항공기의 안전을 위협하는 위법행위퇴치를 위한
    협약」(Übereinkommen zur Bekämpfung widerrechtlicher Handlungen gegen
    die Sicherheit der Zivilluftfahr), BGBl. 1977 II, S. 1230.

이 있는 국가는 조약에 열거되어 있는 범죄행위에 대하여는 중한 형벌
이 과해지도록 하여야 한다.

「자유로운 항해보호를 위한 협약」(Abkommen zum Schutz der freien   **45**
Schifffahrt) 또한 이와 유사한 보호메커니즘을 갖고 있는데, 이는 특히 해
상강도에 대처하기 위한 것이다.[57] 해적행위에 대한 투쟁은 특히 「원양
(遠洋, Hohe See)에 관한 제네바 협약」(Genfer Konvention über die Hohe
See) 제15조 및 「UN 해상권 협약」(UN-Seerechtskonvention) 제100조 이
하에서 그 근거를 발견할 수 있다. 이들 규정은 해적행위를 퇴치하기 위
한 목적을 달성하기 위하여 국가들에게 협력의무를 과하고 있다.

항공교통이나 원양에서의 항해와 같은 특별한 영역만을 규정하는 것   **46**
이 아니라, 테러리즘에 대한 대처를 포괄적으로 규율하는 국제법적 규
정들은 2001년까지는 널리 확산되지 못하였다.[58] 이것은 테러리즘에
대한 개념적 이해에 있어 국가들 간에 상당한 차이가 있다는 것을 잘
반영해 주는 징표라고 할 수 있을 것이다. 그 나라의 관점에서 보았을
때 승인할 가치가 있는 행동에 대하여 개입하여야만 한다는 것에 대한
두려움이 존재한다면, 어떤 나라도 조약상의 의무를 받아들이지 않을
것이다.

UN 차원에서 1999년 12월 9일에 「테러리즘 자금퇴치를 위한 국제협   **47**
약」(Internationale Konvention zur Bekämpfung der Finanzierung des
Terrorismus)이 생겨났는바,[59] 이 협약에는 현재 173개국이 가입되어

---

57) *Fischer*, in: Ipsen (Hg.), Völkerrecht, 5. Aufl. 2004, § 54, Rn. 16－18; *Schröder*,
   in: Graf tzthum (Hg.), Völkerrecht, 5. Aufl. 2010, 7. Abschn., Rn. 43.

58) 이러한 사정에 관하여 개괄적인 것은 *Finke/Wandscher*, VN 5 (2001), 168.

59) Text: VN 1/2001, S. 21; 상세한 것은 *Lavalle*, ZaöRV 60 (2000), 491.

있다. 동 협약은 특정한 행위의 형사적 초추를 위한 필요성(제7조)이나 자금동결(제8조)에 관한 규정들을 갖고 있다. 한편 1997년 12월 15일의 「폭탄테러의 퇴치를 위한 국제협약」(Internationale Konvention zur Bekämpfung terroristischer Bombenattentate)은 형법적인 내용을 담고 있다.60) 이 두 개의 협약은 2001년 9월 11일 이후에야 비로소 발효되었는데, 왜냐하면 그때가 되어서야 비로소 많은 국가들이 협약에 가입했기 때문이다.

48   테러행위와 관련된 조약을 통한 합의는 전 세계적 차원에서뿐만 아니라, 지역적 차원에서도 이루어졌다. 유럽이사회 차원에서는 1977년 1월 27일에 「테러리즘의 퇴치를 위한 유럽협약」(Europäische Überein-kommen zur Bekämpfung des Terrorismus)이 성립하였다.61) 이 협약의 당사국들은 협약에 정의된 범죄행위가 발생하는 경우에 (범인의) 인도를 가능하게 해야 한다. 다만 이것을 정치적으로 이해하여서는 아니 된다. 예컨대 몬트리올조약에 따른 항공안전에 관한 범죄행위, 외교관에 대한 중대한 범죄행위, 인질 또는 폭발물범죄행위 등이 이 협약에 열거되어 있는 범죄들이다. 동 협약은 이른바 "인도 또는 처벌(dedere aut iudicare)의 원칙*"을 규정하고 있다. 따라서 가입국가들이 혐의자를 인도하고 싶지 않다면, 자신의 재판권을 행사하여야 할 의무가 있다. 이를 통하여 조약의 당사국들은 상호 간에 사법공조(Rechtshilfe)를 보장하게 되며, 이 경우 사법공조에 관한 역내국가의 법이 적용될 수 있다.

---

60) 안티 테러리즘에 대한 것은 UN의 홈페이지인 UN: www.un.org/terorrism 참조.

61) SEV Nr. 90; BGBl. 1978 II, S. 321.

 * 역주: 인도 또는 처벌(dedere aut iudicare)의 원칙은 중요한 국제범죄를 저지른 사람을 소추하기 위해서 국제공법을 적용할 국가의 법적 의무를 그 내용으로 한다.

5.2. 2001년 이후의 테러리즘 퇴치

2001년 9월 11일은 테러리즘의 퇴치를 위한 활동에 있어 매우 중요한   **49**
의미를 갖는 날짜이다. 2001년 9월 11일에 테러리스트들은 4대의 대
형 민간항공기를 납치하여 뉴욕의 세계무역센터(World Trade Center)
의 두 타워와 워싱턴의 펜타곤에 4대 중 3대를 추락시켰다. 이 테러공
격으로 인하여 수천 명의 사람이 목숨을 잃었고, 막대한 물질적 손해
가 발생하였다. 테러리즘의 퇴치를 위한 국제법적 도구들은 9 · 11 테
러에 대처하고자 하는 다수의 국가들의 의지를 통하여 엄청난 추진력
을 얻게 되었다.[62]

바로 다음날인 9월 12일에 UN 안전보장이사회는 결의안 1368호(2001   **50**
년)를 통하여 테러공격을 단죄하고, 9월 28일의(2001년) 결의안 1373
호(2001년)를 통하여 테러리즘에 대한 구체적인 조치를 의결하였
다.[63]

NATO는 2001년 10월 2일에 NATO 역사상 처음으로 NATO협약 제5   **51**
조에 따른 동맹사례를 선언하였는바,[64] 그 결과 미국이 NATO 가입국
의 원조를 요청할 수 있게 되었다. 독일의 경우 독일 연방하원은 2001
년 12월 22일의 특별회의에서 3,900명의 연방군을 테러리즘 퇴치를
위하여 파견할 준비를 할 것을 의결하였다.[65] 아프리카 Horn의 해군

---

62) 국제법적인 문제에 관해서는 *Kugelmann*, Jura 2003, 376 등 참조.
63) *Aston*, ZaöRV 62 (2002), 257.
64) 2001년 10월 2일의 기자회견: "Invocation of Article 5 confirmed". NATO 사
   무총장 *Lord Robertson*의 2001년 10월 4일 기자회견과 비교. 이에 관하여는
   "NATO and the Scourge of Terrorism"와 관련된 NATO 웹사이트 참조.
65) 찬성 538, 반대 35, 기권 8, BT-Prot. 14/210를 보라.

부대에의 파견은 독일 전투부대 투입의 본질적인 구성부분을 이루고
있다.[66]

5.3. UN의 역할

52   UN은 테러리즘의 퇴치를 위하여 다양한 정치적 활동과 법적 활동을
한다. UN은 자금세탁에 대한 조치나 범죄자들에 대한 소추를 통하여
테러리즘 활동을 방지해야 하는 국가들의 조치를 우선적으로 고려하
였다. 그를 위한 법적 수단은 국제법적 조약인데, 이를 통하여 가입국
가는 (조약에 정한) 의무를 부담하게 된다.

53   UN 안전보장이사회는 테러공격을 단죄하거나 테러리즘과 관련된 사
건들에 대해 입장을 표명하는 수많은 결의안을 의결하였다. 이에 더하
여 UN 안전보장이사회는 스스로 강제조치를 취하기도 하였다. UN헌
장 제39조가 규정하고 있는 전제조건이 충족되는 경우에는, UN 안전
보장이사회는 UN헌장 제7장에 따른 강제조치를 취할 수 있다.[67] UN
안전보장이사회가 강제조치를 취하기 위하여서는 UN헌장 제39조가
정하고 있는 여러 요건 중 하나, 즉 평화에 대한 위협이나 평화의 파괴
또는 공격행위가 존재해야 하는데, 이 경우 그러한 요건의 존재 여부
에 대한 판단에 있어 UN 안전보장이사회는 광범위한 (재량)결정영역
을 갖는다.[68] 전통적인 이해에 따르면 공격행위 및 평화의 파괴는 기
본적으로 국가 간의 무장공격과 관련 있으며, 따라서 테러공격은 여기

---

66) *Heintschel von Heinegg/Gries*, AVR 40 (2002), 145.

67) 자세한 사항은 *Frowein*, in: Simma (ed.), The Charter of the United Nations –
   A Commentary, 2002, Art. 39, Rn. 5 ff.; *Österdahl*, Threat to Peace?, 1998.

68) *Fink*, Kollektive Friedenssicherung Teil 2, 1999, S. 873; *Herdegen*, Völkerrecht,
   9. Aufl. 2010, § 41, Rn. 3 und 18.

서의 공격행위 및 평화의 파괴로 고려되지 않는다.

테러공격은 평화에 대한 위협이 될 수 있으며, 이것은 UN의 실무에서   **54**
예전부터 인정되어 왔다.69) UN총회는 이미 "우호관계선언(Friendly
Relations Declaration)"에서 모든 국가는 테러행위에 대한 적극적 지원
을 하지 않을 것과 그의 영토 내에서의 테러준비행위를 암묵적으로 수
인하지 않을 의무를 갖는다고 선언하였다.70) UN 안전보장이사회는
테러행위가 평화에 대한 위협의 성격을 갖는다는 것을 반복하여 확인
하였다.71) 이미 1954년의 국제법 위원회(International Law Commission)
초안에 이와 같은 판단이 담겨 있다. 72)

---

69) *Bothe*, in: Graf Vitzthum (Hg.), Völkerrecht, 5. Aufl. 2010, 8. Abschn., Rn. 43;
Marauhn, Terrorism (addendum 1999), in: Bernhardt (ed.), EPIL, Vol. 4
(2000), S. 849 (850 f.). Vgl. zu älteren Ereignissen und der Haltung der USA .
H. Weber, Gewalt, Gegengewalt, Gewaltverbot, VN 2/1987, S. 50.

70) Friendly Relations Declaration, A/RES/2625 (XXV) vom 24.10.1970,
deutsche Übersetzung in VN 1978, S. 138; auch abgedruckt in: *Schweitzer/
Rudolf*, Friedensvölkerrecht, 3. Aufl. 1985, Nr. 49 und in: Sartorius II,
Internationale Verträge – Europarecht, Nr. 4.

71) 예컨대 로커비(Lockerbie)사건*과 관련하여 테러행위용의자의 인도를 거
절한 리비아에 대한 강제조치에 관한 결의안 731호(1992년)와 결의안 748
호(1992년)에 대하여는 VN 1992, S. 67 und 68. 수단에서의 테러공격에 관
한 단죄를 행하였던 것으로는 S/RES/1070 (1996).
    * 역주: 로커비사건은 1988년 12월 21일 미국의 민간항공기가 스코틀랜드
    의 로커비 상공에서 폭발하여 승객 · 승무원 259명 전원이 사망한 사건을 말
    하며, 사고항공기의 이름을 따서. '팬아메리칸 항공기폭발 추락사건'이라고
    도 한다. 1992년 1월 21일 UN 안전보장이사회는 리비아 정부기관이 관여한
    2명이 주범으로서 폭발물을 항공기에 설치한 것으로 보고, 리비아 정부에
    용의자의 인도를 요구하는 결의안 731호를 채택하였다

72) Vgl. Art. 1 i.V.m. Art. 2 Abs. 4 des ILC- Entwurfs "Code of offences against the
Peace and Security of Mankind" von 1954, YILC (Yearbook of the
International Law Commission) 1954, Vol. II, S. 149.

55   UN 안전보장이사회는 만장일치로 받아들여진 결의안 1368호에서 모든 국제테러행위가 평화에 대한 위협이라는 점을 명백히 하였다. UN 안전보장이사회는 UN헌장 제39조의 전제조건을 충족시키는 모든 국제 테러행위에 대하여 UN헌장 제7장을 근거로 강제조치를 행할 수 있다. 이로써 UN 안전보장이사회는 폭넓은 행위옵션을 가지게 되었다.

56   단지 국제 테러리즘 행위만이 UN헌장 제39조의 의미에서의 국제평화를 위협할 수 있다.[73] 한 국가에서 행해지고 그 혐의자 및 희생자가 모두 그 국가의 국적자인 테러공격이라면 그러한 국제적 관련성을 인정하기 어렵다.[74] 그러나 국제테러리즘의 다양한 상호연관성을 고려할 때, 테러리즘 공격들의 대부분은 국경을 초월하는 성격을 가지고 있고, 따라서 (UN헌장 제39조의 의미에서의) 국제평화에 대한 위협으로 규정지을 수 있다. 강력하고 다수에 대한 영향력을 갖는 UN 안전보장이사회는 광범위한 행위영역을 가진다. 9 · 11 테러 이후에 UN 안전보장이사회는 이와 같은 옵션을 단호하게 사용함으로써 자신이 국제 테러리즘의 퇴치를 위한 효과적인 조치를 취할 능력이 있음을 증명해 보인 바 있다.

57   UN 안전보장이사회는 UN헌장 제7장을 근거로 한 결의안 1373호로 국제테러리즘 퇴치를 위한 광범위한 프로그램을 의결하였는바, 그 프로그램은 최근의 UN의 일련의 활동들과 관련되어 있다.[75] 구체적으로는 계좌의 동결 등을 통하여 테러리즘에 대한 재정적 원천을 고갈시

---

73) *Heintschel von Heinegg/Gries*, AVR 40 (2002), S. 149.

74) Vgl. 폭탄테러 퇴치를 위한 국제협약(der Internationalen Konvention zur Bekämpfung terroristischer Bombenattentate), A/RES/52/164 vom 15.12. 1997 제3조.

75) 자세한 것은 *Finke/Wandscher*, VN 5/2001, S. 168 ff.

켜야 한다(제1호). 국가들은 테러행위를 지원해서는 안 되고, 테러리스트들에게 피신처를 제공해서도 안 되며, 테러리스트로 추정되는 자에 대한 형사소추를 보장해 주어야만 한다(제2호). 테러리즘의 퇴치라는 목표의 관철을 위하여 국가들은 긴밀하게 협력하여야 한다(제3호). 결의의 실행을 감시하기 위해서 '반(反)테러리즘 위원회(Anti-Terrorismus-Komitee)'가 UN 안전보장이사회에 설치되었다(제6호).

결의안 1373호를 통해 —이전에는 단지 몇몇 국가들에서만 발효되었던— 「테러리즘 퇴치를 위한 국제협약」의 일부 요소들이 UN 안전보장이사회의 구속력 있는 결의안으로 받아들여지게 된다. 1999년의 「테러자금 퇴치를 위한 국제협약」의 몇몇 규정들 또한 결의안으로 채택되었고, 그로 인하여 그들 규정은 —어떤 국가가 이에 가입하지 않았다고 할지라도— 모든 UN 회원국에 대해 구속력을 갖게 되었다. 이 때문에 개별 국가들은 이들 규정을 스스로 인정할 결정영역을 잃어버리게 되었다. UN 안전보장이사회는 규범을 정립하는 기구로서 활동하며, 이러한 결의안을 가지고 세계의 내무정책(Weltinnenpolitik)을 운영하고 있다.

58

테러리즘의 퇴치를 위한 UN 안전보장이사회의 구속력 있는 결의안들은 사인에 대하여 직접적 효력을 갖는 규정을 갖고 있다. UN 회원국들은 자금동결과 같은 재정적 제재가 가해지는 특정한 개인들을 상대로 침해적 조치를 취할 의무가 있다.76) UN 안전보장이사회는 개인에 대한 제재, 즉 소위 스마트 제재(smart sanctions) 또는 타깃 제재(target sanctions)*를 내용으로 하는 법을 제정한다.77) 이러한 제재는 권리구

59

---

76) *Görg*, "Geldwäschebezogene Terrorismusbekämpfung", 2010.
 * 역주: 근래에 북한정권에 대한 제재와 관련하여 '스마트제재' 또는 '타깃제재'라는 용어가 많이 사용되고 있다. 다만 그의 정확한 개념적 정의는 보이

제의 문제를 야기한다.[78]

60   **사례** 아프가니스탄에서 탈레반 체제가 붕괴된 이후에, 아프가니스탄에 대한 제재는 직접적으로 오사마 빈 라덴의 테러네트워크 및 그와 연결되어 있는 사람들을 대상으로 하게 되었다. UN안전보장이사회가 정립한 제재시스템[79]을 근거로 결의안에 첨부되어 있는 (제재)리스트에 올라 있는 사람이나 그룹에게는 어떠한 경제적 지원도 제공될 수 없다.[80] UN의 모든 회원국들은 자금 및 그 밖의 재정적 재산가치를 동결하여야 한다.

UN 안전보장이사회의 구성원인 국가들에서 제정된 구체적인 규정들은 UN 안전보장이사회가 정립한 이러한 제재 메커니즘의 결과물이다. 유럽연합은 오사마 빈 라덴, 알 카에다 네트워크 및 탈레반과 연결되어 있는 사람이나 조직을 대상으로 하는 유럽연합규정 제881/2002호를 제정하였고, 또한 그 밖의 테러리스트를 대상으로 하는 유럽연합규정 제2580/2001호를 제정하였다. 이와 같은 유럽연합규정의 제정을 위한 법적 근거는 유럽공동체조약 제60조, 제301조 및 제308조(현행 「유럽연합의 운영에 관한 조약」 제75조, 제215조, 제352조)이다.

'카디사건'의 경우 2001년 10월 유럽연합의 (제재)리스트에 기재된 사우디 아라비아 출신의 야신 압둘라 카디(Yassin Abdullah Kadi)는 ―그는 이미 UN의 (제재)리스트에 포함되어 있었다― 자신이 (제재)리스트에

지 않으며, 주로 특정한 계층(북한의 경우라면 북한지도층)을 목표로 하는 제재를 일컫는 말로 쓰이고 있다. 이러한 스마트제재는 대중에 대한 피해를 최소화하면서 특정계층에 대한 제재효과를 집중시키기 위하여 사용되고 있다.

77) 이에 대해서는 *Rosand*, American Journal of International Law 98 (2004), p. 745.

78) *E. Klein/S. Schmahl*, in: Graf Vitzthum (Hg.), Völkerrecht, 5. Aufl. 2010, 4. Abschn., Rn. 152 mit Fn. 458.

79) S/Res. 1267 (1999), S/Res. 1333 (2000) und S/Res. 1390 (2002).

80) UN 안전보장이사회의 소위 결의안 1267조 위원회의 리스트는 다음 웹사이트에서 찾을 수 있다. http://www.un.org/Docs/sc/committees/1267; 리스트의 기준에 대해서는 *Dahme*, Terrorismusbekämpfung durch Wirtschaftssanktionen, 2007, S. 34 – 42.

오른 것에 대하여 유럽사법재판소에 소를 제기하였다. 그 이유는 그가 (제재)리스트에 등재되고 자금이 동결됨으로 인하여 자신의 권리가 침해되었다고 판단하였기 때문이다. 1심 법원은 그의 소를 각하하였고, 유럽사법재판소는 야신 압둘라 카디 및 알 바라캇 국제기금에 대한 제1심 법원의 판결을 파기하고 카디 및 알 바라캇 국제기금과 관련되는 한 이와 같은 두 유럽연합규정들은 무효라고 판시하였다.[81]

상이한 법규정이 함께 적용되는 경우에는 상당한 권리구제가 보장되지 않고 개인의 권리가 침해될 위험이 존재한다. 모든 법질서가 그 스스로의 보호메커니즘을 가지고 있다고 할지라도 그의 적용영역에 제한이 있다면, 그러한 제한은 당사자들에게는 그의 법적 지위의 제한을 의미할 수 있다. 법질서가 서로 충돌하는 경우에 그중 어느 하나에 우위가 인정되어야 한다면, 그러한 충돌을 해결하기 위한 규정이 필요하다. 핵심은 개인의 법적 지위의 유지가 보장되어야 한다는 것이다.   **61**

같은 판결에서 유럽사법재판소는 "리스트에 올라가 있는 단체의 구성원을 통하여 외부인에게 축적되거나, 그들 구성원이 획득하여 리스트에 올라가 있는 단체 또는 조합에 양도한 재산적 가치가 있는 재정자원 및 그 밖의 경제적 자원은 유럽연합규정 2580/2007 제2조 제1항 b)에 해당한다"고 판시하였다. 유럽연합규정에 위반하는 경우에는 대외경제법(Außenwirtschaftsgesetz) 제34조 제4항의 규정에 따라 형벌이 부과된다.   **62**

---

81) EuGH, Rs. C-402/05, Slg. 2008, I-6315; 이에 관하여는 *Rackow*, Strafverteidiger 2009. 721; *Schmalenbach*, JZ 2009, 35.

확인문제

❶ UN의 기능과 평화임무를 설명하시오. (Rn. 11 이하)

❷ 테러리즘에 대한 국제법적 대처를 위한 수단을 말해 보시오. (Rn. 40 이하)

❸ UN이나 유럽연합이 테러용의자를 리스트에 등재하는 것과 관련하여 어떠한 기본법적인 문제가 제기되는가? (Rn. 62)

찾아보기

154

원저자약력

● Dieter Kugelmann

1988/89년　마인쯔 대학(Johannes Gutenberg-Universität in Mainz) 법학과 졸업
1991년　　마인쯔 대학 법학과 박사학위 취득(논문주제: 방송과 유럽공동체 협약에
　　　　　있어서의 서비스제공의 자유)
2000년　　마인쯔 대학 법학 교수자격심사논문(Habilitation) 통과(주제: 시민의
　　　　　정보상의 법적 지위)
2008년 ~　독일 연방경찰대학원 공법(경찰법), 국제법, 유럽법 교수(현재 휴직 중)
2015년 ~　독일 라인란드 팔쯔 주「정보자유 및 정보보호담당관」(주정부 장관급)

역자약력

● 서 정 범

고려대학교 법학과 졸업
고려대학교 대학원 석사과정, 박사과정수료(법학박사)
독일 Mannheim Uni. 에서 Post Doc. (국비유학)
행정고시, 지방고시 시험위원
現 국립경찰대학 법학과 교수

〈주요저서 및 논문〉
『독일경찰법론』(1998), 세창출판사
『바이에른 집회법』(2010), 세창출판사
『경찰법연구』(2012), 세창출판사
『행정법총론』(2012), 세창출판사
『新정보공개법의 축조해설』(2012), 세창출판사
『경찰비용법』(2012), 도서출판 TOP
『쿠겔만의 독일경찰법』(2015), 세창출판사
경찰비용의 국민에의 전가가능성에 관한 법적 고찰(2015)
경찰행정법의 새로운 이론적 체계의 구축을 위한 소고(2017) 외 논문 다수

● 박 병 욱

경찰대학교 법학과 졸업
베를린 훔볼트대학교 법학석사(LL.M)
베를린 훔볼트대학교 법학박사(경찰행정법)
前 중앙경찰학교 교수요원(경찰관직무집행법 담당)
　　경찰대학교 생활안전분과 교수요원
現 제주대학교 행정학과 교수

〈주요저서 및 논문〉
『쿠겔만의 독일경찰법』(2015), 세창출판사

Wandel des klassischen Polizeirechts zum neuen Sicherheitsrecht, BWV 2013 (박사 학위논문).

제정 테러방지법의 문제점과 정보기관 활동에 대한 민주적 통제, 경찰법연구 제14권 제1호, 2016.

집회주최자 및 참가자의 대 국가적 불법행위 책임에 대한 비판적 고찰 — 독일 연방통상법원의 그론데 사례를 중심으로, 행정법연구 제46호, 2016.

독일 군 사법제도 재론(再論) — 기능주의 군형법, 군 형사재판 및 군무법원을 중심으로, 공법학 연구 제17권 제3호, 2016 외 다수

EU 경찰법

초판 인쇄 2017년 5월 10일
초판 발행 2017년 5월 15일

—

저　자 Dieter Kugelmann
역　자 서정범 · 박병욱
발행인 이방원

—

펴낸곳 세창출판사
신고번호 제300—1990—63호
주소 03735 서울시 서대문구 경기대로 88 냉천빌딩 4층
전화 723—8660　**팩스** 720—4579
이메일 edit@sechangpub.co.kr
홈페이지 www.sechangpub.co.kr

—

ISBN 978—89—8411—677—1　93360

값 13,000원